Tiempo de México

Carlos Slim

Retrato inédito

El dedo en la llaga

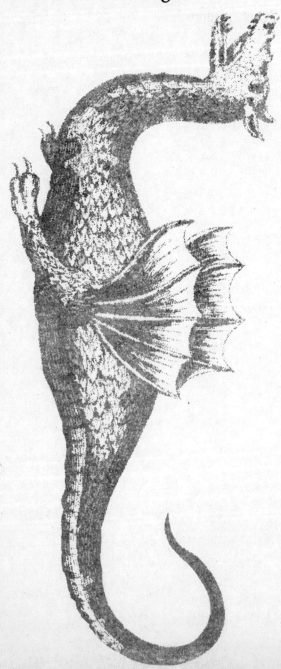

Carlos Slim

Retrato inédito

José Martínez

OCEANO

EDITOR: Rogelio Carvajal Dávila

CARLOS SLIM
Retrato inédito

D. R. © EDITORIAL OCEANO DE MÉXICO, S.A. de C.V.
    Eugenio Sue 59, Colonia Chapultepec Polanco
    Miguel Hidalgo, Código Postal 11560, México, D.F.
    ☎ 5279 9000   📠 5279 9006
    ✉ info@oceano.com.mx

CUARTA REIMPRESIÓN

ISBN 970-651-571-2

IMPRESO EN MÉXICO / PRINTED IN MEXICO

ÍNDICE

Que no haya hombres tan ricos como para comprar hombres, ni tan pobres que se tengan que vender.

Aristóteles

PRESENTACIÓN

Puntilloso hasta la pertinacia, José Martínez nos ofrece otra excelente semblanza.

Primero con *Las enseñanzas del Profesor* pudimos aclarar mucho y saber más sobre la vida de Carlos Hank González. Nadie ha realizado tal recuento como José. Ajeno a las pasiones propias de la política, resumidero muchas veces de enconos, falsedades y chapuzas.

Ahora Martínez repunta en su tarea.

Me consta su tenacidad demostrada al hacer a un lado el necesario reposo. Las suyas fueron noches que pasó trabajando e inexplicablemente sosteniendo su lúcida creatividad, superando a la fatiga. No se conformó con tener un dato sino escarbar hasta sus orígenes.

De eso y más fue capaz José Martínez.

Refleja con precisión la crónica alrededor de un hombre notable, inteligente, discutido, poderoso, rechazado, arriesgado y, entre otras virtudes, más cercano al poder que a los poderosos. Sabedor que uno permanece y los otros no pasan de seis años.

Narrar orígenes, surgimiento, desarrollo, avatares, reveses y encumbramientos de Carlos Slim, requiere de zambullirse en una realidad permitida para pocos. Tan por desentendimiento como por necesidad de lograr el pleno conocimiento.

Estoy seguro de las muchas reacciones que provocará este libro. Habrá de todo.

Pero nadie podrá recelar al enterarse a través de valiosos documentos sobre las actividades del señor Slim.

Son de interés especial, y por ello sorprendentes, los detalles financieros, el eterno estira y afloja en los tribunales y su comunión imprescindible con la política.

Por eso este libro de José Martínez no solamente es rico en anécdotas desconocidas. También nos ofrece, en blanco y negro, sucesos importantes en la vida nacional cercanamente relacionados con el señor Slim.

Un libro que como el de Hank, será punto de referencia en este país.

J. Jesús Blancornelas
Tijuana, Baja California, verano de 2002

INTRODUCCIÓN

Hace cien años que los Slim llegaron a México. En ese lapso se han sucedido cuatro generaciones. Su riqueza ha hecho que el apellido Slim goce de enorme popularidad en México. A diferencia del esquema del rico mexicano, envuelto en el glamour y el escándalo, esta dinastía es muy peculiar. Aunque ellos no participan en política, el carisma de Carlos Slim Helú ha hecho de él una influyente presencia en ámbitos de la vida económica, política, social y cultural.

En otros tiempos, el imperio económico de los Slim podría haber hecho de ellos la única *familia real* de nuestro país. Sin embargo, ricos y poderosos, los Slim son una familia sencilla, de buenos modales, de apariencia informal, ajenos al postín de la elite del dinero.

Quinto de seis hermanos, a los 25 años de edad Carlos Slim comenzó a edificar los cimientos de su vasto imperio.

Uno de sus libros de cabecera es *La conquista de la felicidad*, de Bertrand Russell, uno de los últimos grandes humanistas de Occidente, quien sostenía que el secreto de la felicidad consiste en no ser por completo imbécil, además de que para ser razonablemente feliz hay que pensar de modo adecuado, no dejar por completo de pensar; actuar correcta, inventiva y si es posible desinteresadamente y no dejar del todo de actuar.

Slim ha dicho una y mil veces que su principal trabajo consiste en "pensar".

Es así que esta investigación periodística pretende retratar al

15

hombre más rico y poderoso en la historia de nuestro país, quien emergió como el mayor inversionista del siglo XXI.

Su nombre está asociado al mundo del dinero y servir a los demás ha sido para él la clave del éxito. Personaje vital en el proceso de globalización, construyó su imperio en el país que le abrió las puertas a sus padres; apostando sus inversiones en él cuando la mayoría de los empresarios empezaron a saltar del barco que se hundía para poner a salvo sus capitales en bancos del extranjero, mientras las arcas de la nación quedaban vacías.

Lejos de las historias de avaricia y codicia del pasado donde el sentido de la vida consistía en amasar fortunas, el auge de la economía neoliberal creó una nueva clase de magnates mexicanos con otra mentalidad, más enérgica y ambiciosa, que han apostado a su asociación con los grandes capitales. Slim, creador del grupo empresarial más grande del país, es uno de los principales representantes de esa elite que simboliza al nuevo capital financiero.

Su historia es la del típico self-made man: perdió a su padre cuando apenas cumplía los 13 años de edad y heredó de él su espíritu emprendedor.

Por su posición predominante en la economía es visto en el extranjero como uno de los "constructores del país" y los medios especializados de Estados Unidos, Japón y Europa lo consideran entre los más importantes líderes de la globalización por su visión para los negocios.

Poseedor de una fortuna valuada en más de diez mil millones de dólares, este sagaz representante del dinero ha creado su propia filosofía y se ha autodefinido como un simple administrador temporal.

Como la mayoría de los magnates de la economía global, Slim hasta hace veinte años era un desconocido pero aprendió a jugar conforme a las reglas del cambio, fue parte de los apoyos del PRI y hoy estuvo de acuerdo en que el gobierno de Vicente Fox podía ser una buena opción para México.

Su carrera empresarial no ha estado exenta de señalamientos; forzado por las circunstancias ha salido al paso de los ataques.

En todo caso, como taumaturgo de las finanzas, supo descifrar los códigos del sistema financiero cuando en medio de la crisis de los ochenta y noventa llegó a pender de un hilo y pocos se atrevieron a arriesgar sus capitales, siguiendo la lógica de los grandes maestros de los números.

LA DINASTÍA SLIM

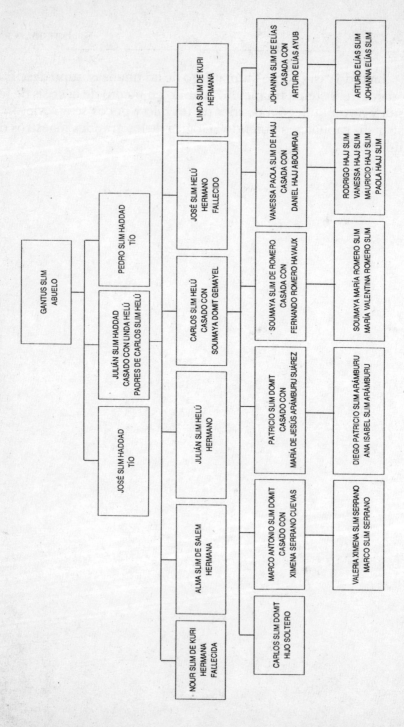

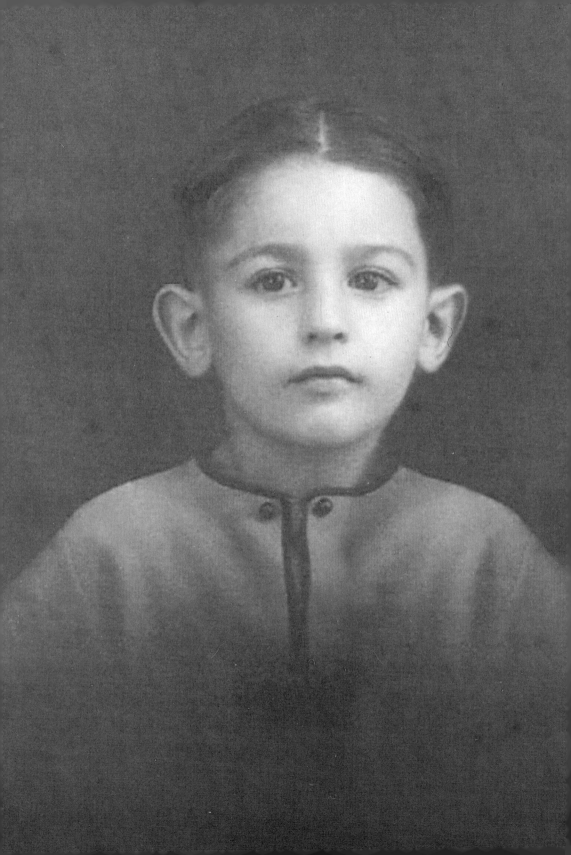

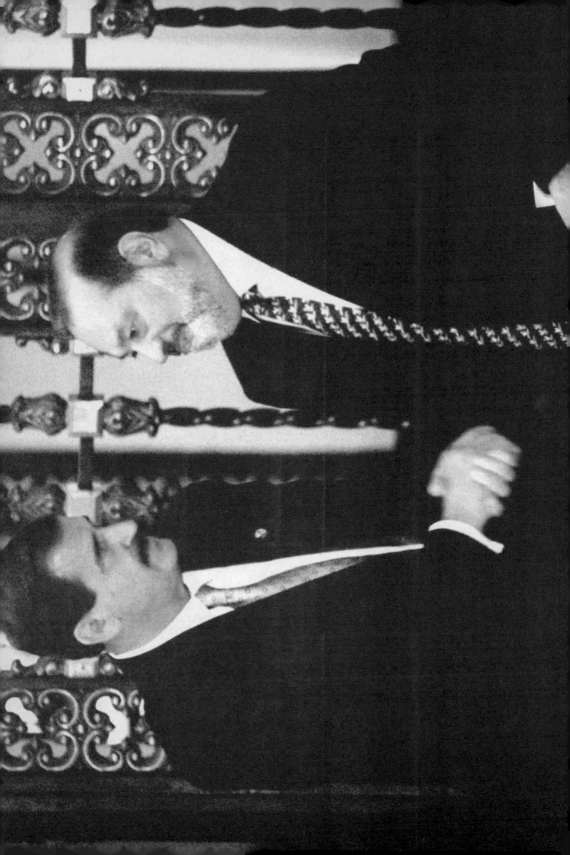

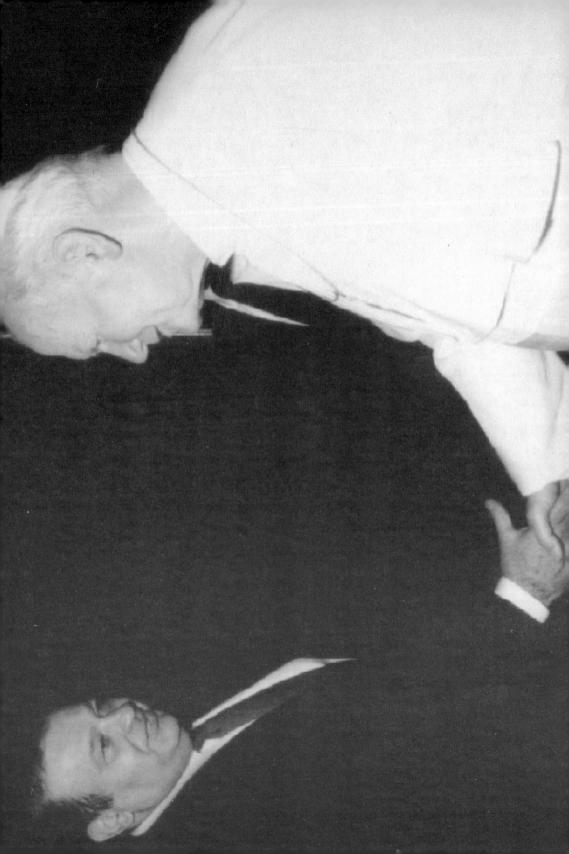

Los exiliados del Levante

La tierra prometida

A finales del siglo XIX, cuando las candilejas del porfiriato iluminaban la ambición de la burguesía por acumular dinero, empezaron a llegar a México los primeros grupos de inmigrantes libaneses en busca de un mejor destino. La mayoría de ellos huía de los excesos del imperio otomano. Los registros migratorios del gobierno dan cuenta del desembarco en el puerto de Veracruz de los primeros libaneses en 1880, luego de que el general Porfirio Díaz concluía su primer periodo como presidente de la República.

La fama del militar oaxaqueño llegaba más allá de las fronteras, pues se había distinguido en la lucha contra la intervención francesa. El auge de los libaneses se acrecentó hasta que Díaz fue derrocado por Francisco I. Madero y el dictador se vio forzado a abandonar el territorio mexicano. Por azares del destino Porfirio Díaz, quien dio la bienvenida a los grupos de inmigrantes que llegaban de Medio Oriente, también salió rumbo al exilio por el puerto de Veracruz a bordo del *Ypiranga*, después de permanecer cinco días en ese lugar en espera del buque de vapor que había zarpado de Coatzacoalcos para trasladarlo en una penosa travesía por el Atlántico con destino a Europa. Desde la bahía, Teodoro Dehesa, gobernador del estado, fue el político que le dio el último adiós al dictador que terminó su vida en París en 1915. En los primeros meses de su exilio, Porfirio Díaz solicitó al Banco de Londres y México sus ahorros por un monto de un millón y medio de francos,

45

equivalentes aproximadamente a medio millón de pesos de aquella época, y a setenta años de pensión por haber sido general en el ejército mexicano.

En 1936 veía los primeros rayos de luz en la ciudad de Bloiz, Francia, Bernardo Díaz Casasús, último bisnieto del general Díaz que nace en el exilio, mientras en México nacía la primera generación nativa de los Slim que, al paso de los años y desde la última década del siglo XX, se consolidaron como la familia de origen libanés más rica del país; poseedores de una de las principales fortunas del mundo, después de ser atraídos por el espejismo de la paz social y el dinero en el ocaso del porfiriato.

Nacido en 1887, Julián Slim Haddad, padre de Carlos Slim Helú, llegó a México a la edad de 14 años, después de haber salido de su pueblo natal Jezzine. Entró por el puerto de Tampico en una época en que todos los habitantes de los pueblos del Medio Oriente eran súbditos del imperio otomano; como él, muchos libaneses salieron en busca de mejores horizontes, y otros porque huían de la dominación turca.

Sobre sus orígenes Carlos Slim Helú recuerda:

> Mis antepasados paternos y maternos llegaron a México hace cien años huyendo del yugo del imperio otomano. En aquel entonces los jóvenes eran forzados por medio de la leva a incorporarse al ejército, por lo cual las madres exiliaban a sus hijos antes de que cumplieran 15 años.

Así llegó a territorio mexicano Julián Slim Haddad en el año de 1902; como él, miles de libaneses que arribaron al país lo hicieron por tres puertos: Tampico, en Tamaulipas, Progreso, en Yucatán, y Veracruz.

En el Medio Oriente —donde se encuentra Líbano, una de las naciones más pequeñas del mundo, con apenas 10,400 kilómetros cuadrados y una población aproximada de 3 millones 600 mil habitantes—

viven 24 pueblos, 23 árabes y uno judío. Puesto que los tres grandes profetas de las tres grandes religiones monoteístas proceden de estas tierras, muchos de sus seguidores han sido víctimas de las guerras que han tenido lugar en la Tierra Santa a lo largo de su historia y han dejado huellas profundas en sus pueblos.

El escritor libanés Amin Maalouf, autor de *Las Cruzadas vistas por los árabes*, trata de encontrar en su obra una respuesta a ese espíritu bélico bajo la reflexión de ¿por qué una novela de las Cruzadas ahora? y ¿por qué el Islam?

Para Occidente —sostiene Maalouf— la amenaza del Islam ha sido permanente. Después de casi un siglo de la muerte del profeta en el año 632 d.C., los moros habían conquistado España y se encontraban en los umbrales de Francia, detenidos por Carlos Martel en el año 932. En 1453, turcos y otomanos capturaban, sin embargo, Constantinopla y se encontraban a las puertas de Viena en 1569; hasta que son detenidos definitivamente en 1683.

A los ojos del Islam, el conflicto con Occidente ha asumido diferentes formas: Bizancio versus el imperio islámico, los reinos cristianos versus Al-Ándaluz, Europa versus el imperio otomano, el colonialismo versus el nacionalismo árabe, etcétera. Para el mundo musulmán, Occidente ha intentado definirse aun en contra de su cultura y su religión.

≈

Territorio fragmentado a lo largo de sus cinco mil años de historia, Líbano ha sobrevivido a su tragedia y desolación. Los libaneses en el exilio dicen que el símbolo de su país, el cedro, está desapareciendo, pero insisten en que el espíritu de Gibrán Jalil Gibrán y del cedro y del cardo y de la rosa, vivirán por siempre.

Líbano, el país al que cantó el rey Salomón, quien adornó el templo y su palacio con sus cedros, permaneció durante más de 400 años bajo el dominio de Turquía, el imperio de la Sublime Puerta. Cuando finalizó la primera guerra mundial, el litoral libanés estaba ocupado por los franceses, el interior por los ingleses y la región montañosa por los nacionalistas que se habían aglutinado para resistir al gran turco.

A consecuencia de la guerra ancestral, los primeros emigrantes del Medio Oriente a México fueron libaneses, entre finales del siglo XIX y principios del siglo XX, cuando los habitantes de esa pequeña nación eran súbditos del imperio otomano.

En ese sentido, Carlos Martínez Assad el sociólogo e historiador relata con profundidad los avatares de Líbano a lo largo de su historia milenaria que ha dejado un territorio fragmentado.

Describe así que surgió entonces una nueva etapa en la historia política del Líbano, cuando entre 1918 y 1920 estuvo bajo un régimen de ocupación. Después, un fuerte regateo diplomático entre Francia e Inglaterra dio lugar al tratado de Sévres, por medio del cual los turcos renunciaron a sus pretensiones sobre Siria y Líbano, que quedaron supeditados a un mandato francés. Palestina quedó bajo la supervisión de los ingleses. En 1920, al ser creado El Gran Líbano, se agregaron a la montaña cristiana cuatro territorios de árabes musulmanes. Se construyó así un Estado binacional allí donde ni siquiera se había dado previamente un Estado en el sentido moderno de la palabra. Fue hasta el 22 de noviembre de 1943, cuando Líbano alcanzó su independencia en el ámbito de la modernidad que supuestamente recorría el mundo.

Líbano, arrastra, no obstante, problemas seculares. ¿Por qué? Porque el derecho a mandar, a hacer justicia, a proteger y a explotar al pueblo durante el dominio turco, estuvo repartido en multitud de células locales. Los jefes, esos hombres de espada en mano se consideraban los representantes de Dios, los encargados de mantener el orden que el mismo Dios quería se representara en la Tierra. Cuando Amin Maalouf, en *La roca de Tanios*, ubicó lo que era la vida de Líbano ya en la segunda mitad del siglo XIX, decía:

> El pueblo entero pertenecía entonces a un mismo señor feudal. Era el heredero de un antiguo sistema de jeques [...] No era, ni mucho menos, uno de los personajes más poderosos del país. Entre la planicie oriental y el mar había decenas de propiedades más extensas que la suya [...] Por encima de él y de la gente de su misma condición estaba el Emir de la montaña, y por en-

cima del Emir, los Pachás de las provincias, los de Trípoli, de Damasco, de Sidón o de Acre. Y aún más alto, mucho más alto, cerca del cielo, estaba el Sultán de Estambul [...]

Por eso cuando llegó la independencia, no había de conformarse como un Estado con al menos un núcleo modernizador. En ello influyó la salida de miles de emigrantes que buscaron otras tierras como reacción a la imposibilidad de alcanzar mejores condiciones de vida en su solar natal. Pero con ellos salieron también los intelectuales y fue usual, a principios del siglo XX, encontrar núcleos importantes de pensadores libaneses fuera de su país, particularmente en Europa. Los nacionalistas coincidían en París, e incluso el Congreso Árabe se reunió en 1913 en esa ciudad para proclamar el respeto a la autonomía del Líbano y urgir a que se le reconociera su carácter nacional. En 1914 Turquía, aliada con los alemanes, puso fin al régimen del pequeño Líbano, al año siguiente lo invadió militarmente y anunció el fin de la autonomía del Mutassarifiah. La represión posterior fue brutal. Muchos decidieron emigrar para no volver jamás.

Entonces, la mayoría de los inmigrantes que llegaron a México desde finales del siglo XIX, que procedían del Medio Oriente, eran libaneses; en mucho menor escala ingresaron al país iraquíes, jordanos, palestinos y sirios. Fue usual que se les llamara "turcos" aunque no lo fueran, puesto que hasta 1918 eran súbditos del imperio otomano; erróneamente también se les llamó "árabes", por ser esa lengua la que hablaban y en la que escribían. El idioma, las tradiciones gastronómicas y las costumbres sociales hermanaron con México a los que habían emigrado del Levante; así lo describe la estudiosa de asuntos libaneses Patricia Jacobs Barquet, autora de un diccionario sobre los mexicanos de origen libanés que patrocinó Inversora Bursátil y Sanborns, empresas de Carlos Slim Helú. Jacobs describe a detalle cómo se integraron a las costumbres sociales mexicanas los libaneses que emigraron del Levante.

Los inmigrantes de Medio Oriente que llegaron a México salieron de sus pequeños territorios y llegaron a un país anfitrión en desarrollo y con una extensión territorial apenas poblada. Pudieron agradecer, a través de sus aportaciones, el recibimiento del que fueron objeto.

Se integraron a México poco a poco; e incluso muchos de ellos, unos en mayor número que otros, como es el caso de los libaneses, practicaron la exogamia. Hoy día, un sinnúmero de descendientes en primera, segunda, tercera, cuarta y quinta generaciones de inmigrantes de varios países, son mexicanos prominentes cuyo trabajo y participación en la actividad sociocultural de nuestra nación tiene una insoslayable trascendencia.

Sus ancestros vinieron de tierras que habían visto pasar a diferentes civilizaciones como la egipcia, la griega, la romana y la persa, así como a varios conquistadores como Alejandro Magno, los bizantinos, los cruzados, los árabes y los otomanos. Salieron en busca de una vida mejor; algunos de ellos por un deseo de ampliar sus horizontes, y otros porque huían de la dominación turca. La mayoría eran cristianos, maronitas y ortodoxos; había también musulmanes sunitas y chiítas; vinieron pocos drusos y judíos. Encontraron también en México un territorio rico en historia y etnias. A pesar de su desconocimiento del idioma y de las costumbres, a pesar de su falta de experiencia y de recursos financieros en la mayoría de los casos, encontraron la manera de adaptarse y crecer. Dejaron sus familias y sus tierras atraídos por la magia de América y la apertura de sus leyes migratorias. En gran parte jóvenes intrépidos, se iniciaron como mercantes en su nueva aventura; favorecidos por condicionantes como la inestabilidad de la moneda mexicana que, en contraposición, permitía a los bienes y objetos convertirse propiamente en un capital que incrementa su valor, supieron ahorrar e invertir sus ganancias. En su lucha por sobrevivir exploraron mercados casi vírgenes en las poblaciones incomunicadas en las que, introduciendo mercancía necesaria y atractiva, además de ser bienvenidos, fueron apreciados por ofrecer facilidades de pago. Así se dieron a conocer; así fueron precursores de las ventas a crédito; facilitaron la integración de áreas marginadas y favorecieron el mercado interno. Su austeridad y lucha constante hizo que de ser buhoneros o barilleros, primero en los puertos de entrada y luego —al viajar a pie, en mula o en ferrocarril— en aldeas, ciudades o poblados de todo el país, llegaran a establecer pequeños puestos en los mercados y después negocios propios; aprendieron a vivir en las trastiendas antes de contar con el capital para pagar rentas o hacerse propietarios. Los primeros en llegar ayudaron a los que siguieron llegando; les abrieron crédito para que, a su vez, empezarán también como aboneros. Los que prosperaron en el comercio se aventuraron en la industria; los que eran profesionistas sirvieron a las nuevas comunidades. Se esmeraron para que sus hijos aprendieran el español, para que futuras generaciones estuvieran mejor preparadas y pudieran ingresar en los mundos de otras profesiones.

Sin olvidar sus valores, su amor y apego a un país que ha sido siempre anhelado y envidiado por sus vecinos, y que fue la puerta de entrada de los europeos a Oriente, los libaneses y sus descendientes llegaron a formar una de las comunidades de mayor prosperidad. Pero se trató de una comunidad formada por individuos que, sin dejar de solidarizarse con sus consanguíneos, escogieron, cada uno, su propio camino para crecer. Individuos que, sin dejar el comercio, diversificaron sus actividades.

Ellos conformaron, en cuanto a su cantidad y capacidad de incorporación, una de las inmigraciones más importantes en México. Se dice que para 1905 sumaban cinco mil, y que estaban establecidos en varias ciudades de provincia además del Distrito Federal. Este número aumentó considerablemente después de la primera guerra mundial; hecho que, aunado a otros factores, estimuló más el tradicional deseo libanés de emigrar. El único censo que alguna vez se haya hecho sobre esta población fue el de Salim Abud y Julián Nasr en 1948, y registra aproximadamente a veinte mil inmigrantes y sus descendientes que, para entonces, estaban establecidos en más de trescientas ciudades y poblaciones en todos los estados de la república, cuya población era de veinte millones de habitantes. Este censo asume, como a una sola comunidad, a todos los emigrantes del Levante.

Entre los casi trescientos mil mexicanos descendientes de libaneses que llegaron a México aproximadamente a partir de 1880, cabe mencionar que más de mil han sobresalido en algún momento de la historia mexicana.

Sobre este punto el estudioso Carlos Martínez Assad da cuenta de un testimonio en "Los libaneses, un modelo de adaptación", en el libro *Veracruz: Puerto de llegada,* en el que relata que "cuando los estadunidenses invadieron Veracruz, un libanés de apellido Nicolás ofreció al presidente Victoriano Huerta a sus seis hijos varones y 200 mil pesos para la defensa del país", poniendo en evidencia el involucramiento de algunos libaneses y su identificación con el acontecer político de México.

LA ESTRELLA DE ORIENTE

Los pioneros

Los Slim, como miles de sus compatriotas, llegaron a tierras mexicanas siguiendo los pasos del primer libanés que salió de su patria a "hacer la América". Uno de esos pioneros fue Antonio Freiha El-Bechehlani, un joven estudiante de teología que en 1854 desembarcó en Boston. Los primeros libaneses se establecieron en Nueva York en 1870; sus comercios se fueron multiplicando y los neoyorquinos se asombraban con los atuendos de este grupo de inmigrantes. Fue así que estos inmigrantes integraron el primer barrio "oriental" al que nombrarían Pequeña Siria.

No obstante que los documentos oficiales de la Secretaría de Relaciones Exteriores no registran los nombres de los primeros inmigrantes libaneses en México, se sabe que el precursor fue el sacerdote Boutros Raffoul quien arribó en 1878 por el puerto de Veracruz; aunque otras fuentes citan que uno de los iniciadores de la primera colonia libanesa establecida en Yucatán en 1880 fue un comerciante llamado Santiago Sauma.

Don Julián Slim Haddad, quien nació el 17 de julio de 1887 en Jezzine, Líbano, llegó a México en 1902 por el puerto de Tampico donde empezó a trabajar al lado de su hermano —trece años mayor— José Slim Haddad. Este último y su hermano Pedro habían llegado en 1900 a territorio mexicano por ese mismo puerto, en los tiempos en que cada año salían de esa nación alrededor de doce mil personas.

53

Años después los hermanos José y Pedro decidieron trasladarse a la capital del país y allí fundaron sus propias mercerías en el centro; fue José Slim Haddad el primero de los comerciantes libaneses en la ciudad de México.

～

Los hermanos Slim se trasladaron a la capital del país en busca de nuevos horizontes. Habían llegado cuando se vivían los últimos años de la dictadura porfirista. El descontento social iba en aumento. Los levantamientos de campesinos armados eran incipientes. La guerra era inminente, no obstante, la ilusión de los Slim era trabajar para forjarse un futuro.

Eran los tiempos en los que el mayor apoyo de la dictadura fueron los hombres de empresa, no los ricos de abolengo, carentes de imaginación y gusto por las actividades lucrativas. Los empresarios de esa época constituían la burguesía formada por extranjeros —primordialmente franceses e ingleses— y nuevos ricos mexicanos, la que aparte de practicar la joie de vivre, seguía metiéndole acelerador al progreso.

La producción de oro en el ciclo 1902-1903 alcanzó las quince toneladas y en ese mismo periodo la de plata ascendió a dos mil toneladas. Antes de concluir la primera década de ese siglo la producción de oro llegaba a más de treinta toneladas y la de plata a dos mil ciento cincuenta.

Pero no todo lo que deslumbraba era oro. El fuego de la Revolución hacía más incandecente el ambiente social y político. Los hermanos Slim no se amilanaron y siguieron trabajando, pues habían tomado la determinación de asentarse en territorio mexicano, su nueva patria.

Emiliano Zapata —el líder agrarista que había nacido el 8 de agosto de 1879 en Anenecuilco y era descendiente de una antigua familia campesina—, apoyado en su prestigio local y la confianza de los campesinos, en 1910 había tomado la determinación de levantarse en armas.

En esos años, el hermano mayor de Emiliano, Eufemio Zapata —como los Slim que habían llegado procedentes del Levante— emi-

gró a Veracruz donde se desempeñó en varios oficios
comerciante. Pedro Slim fue compadre de Emiliano Z...
bían entablado una entrañable amistad.

Diego Zapata, hijo del impulsor del Plan de Ayala, le hizo llegar
a Carlos Slim Helú documentos y cartas que dan testimonio de esa relación.

El Caudillo del Sur fue uno de los principales líderes de la in-
surrección. El 29 de marzo de 1911, una de las locomotoras de la hacienda de Chinameca fue lanzada por los revolucionarios contra los
portones, una táctica que los alzados repetirían en el trascurso de la lucha armada. En esa ocasión Emiliano Zapata y su gente irrumpieron
en el recinto, se apoderaron de cuarenta rifles, de todo el parque y de
los caballos de la hacienda. Zapata fue formando así su columna que
contaba con más de mil hombres en armas.

Ese mismo año (11 de mayo de 1911), los hermanos José y Julián Slim se presentaron en la ciudad de México ante el notario Mariano Gavaldón Chávez para elaborar el acta constitutiva de "La Estrella
de Oriente". Así, en medio de la Revolución, los Slim apostaban al trabajo y a los negocios.

El primer paso que dieron como nuevos empresarios de ascendencia libanesa fue la conformación de una nueva sociedad comercial
de la que dieron conocimiento a la notaria pública no. 11, ubicada en
la 3ª calle de Donceles número 60, de la que era titular el abogado Gavaldón Chávez.

El documento que registra los primeros pasos de los Slim en los
negocios —y que fueron la base de lo que, al paso de los años, se con-
vertiría en el imperio comercial y financiero más poderoso de nuestro
país— está contenido en el volumen vigésimo primero, número mil setecientos ochenta y tres, de la notaría pública 11, que da testimonio fiel
de lo siguiente:

En la ciudad de México, a once de mayo de mil novecientos catorce, ante mí, Mariano Gavaldón Chávez, encargado de la Notaria número once, y testigos don Patricio Aguilar de treinta

años de edad, que vive en la segunda calle de Miguel Domínguez número veinticinco; y don Gregorio Núñez de treinta y tres años de edad, que vive en el segundo callejón de Mixcalco número veintisiete; ambos solteros, empleados, y de esta vecindad, COMPARECIERON: de una parte, el señor don José Slim de treinta y nueve años de edad, casado, comerciante, que vive en la segunda calle de la Acequia número once, y de otra, el señor don Julián Slim de veintisiete años de edad, soltero, comerciante, que vive en la casa número once de la segunda calle de la Acequia; ambas partes contratantes de está vecindad, capaces para obligarse y contratar y a quienes doy fe conocer. Y expusieron: que por escritura de quince de mayo de mil novecientos once ante el suscrito, Notario que lo certifica, se constituyeron en sociedad mercantil en nombre colectivo, siendo el principal objeto la explotación y aprovechamiento de una casa o negociación de mercería y juguetería y otros efectos correspondientes al ramo, ubicada en la sexta calle de Capuchinas número tres mil setecientos treinta y ocho, de esta ciudad, cuya negociación se denomina "La Estrella de Oriente", bajo la razón social de "José Slim y hermano", quedando fijado su domicilio en esta ciudad, con un capital social en junto de veinticinco mil ochocientos pesos y demás condiciones y estipulaciones que la relacionada escritura refiere, de la que se tomó razón en el Registro de Comercio con fecha veintinueve del mismo mes y año de su otorgamiento bajo el número de trescientos treinta y cuatro a fojas ciento cuarenta y nueve, del volumen cuarenta y dos, del libro número tres, de dicha sección, como consta del testimonio que yo el Notario doy fe tener a la vista. Que los exponentes han convenido en disolver y rescindir su sociedad y en cancelar como por la presente cancelan y dan por nula y sin valor ni efecto la citada escritura social del quince de mayo de mil novecientos once ante el presente Notario haciendo constar a la vez que nada se quedan a deber el uno al otro de los dos socios ni por el capital aportado a la sociedad ni por los beneficios que ella produjo en el periodo que subsistió, que ambos se dan por servidos del capital y utilidades del modo que se expresan en el convenio que explican las siguientes cláusulas:

PRIMERA. Al señor don Julián Slim se le aplica en pago de su haber social la mitad de la representación de la casa comercial llamada "Estrella de Oriente" de que se habló en el exordio y cuya explotación fue objeto de la sociedad "José Slim y hermano", en treinta mil pesos con todas sus mercancías, existencias, muebles, enseres, crédito comercial, con todo su activo y pasivo tal como se encuentra actualmente.

SEGUNDA. Al mismo señor don Julián Slim se le aplica según el convenio la otra mitad de representación que el señor don José Slim tiene en la negociación comercial de que trata la anterior cláusula, quedando en consecuencia como absoluto dueño de ella, comprendiéndose en esta enajenación las mercancías, existencias, muebles, que hubieran correspondido al señor Julián Slim en la liquidación de la sociedad, así como el crédito comercial con todo su activo y pasivo tal como se encuentra actualmente, esta aplicación se hace por igual suma o sean treinta mil pesos que pagará el adquirente en la forma siguiente: un mil quinientos pesos el doce de julio del correspondiente año, igual suma el doce de agosto de este mismo año, otros mil quinientos pesos el doce de septiembre del propio año, y así sucesivamente se pagarán los demás abonos o mensualidades los días doce de los meses subsecuentes hasta obtener el pago completo de la mencionada suma de treinta mil pesos que se pagarán en veinte mensualidades, y cuyo plazo comenzará a correr y contarse desde el doce de julio próximo venidero, fecha en que se pagará el primer abono de mil quinientos pesos y concluirá el doce de febrero de mil novecientos dieciséis; los anteriores pagos se verificarán en esta ciudad o en el lugar que indique el acreedor o a la persona que sea su representante legitimo o que éste designe, si faltase el deudor al pago de una mensualidad o abono se le prorrogará por treinta días, y en este caso abonará el deudor réditos que no excedan de seis por ciento anual.

TERCERA. En virtud de la anterior aplicación queda en consecuencia, el señor don Julián Slim como absoluto dueño de la casa comercial llamada "La Estrella de Oriente", de cuya negociación se hace cargo, así como del activo y el pasivo de la sociedad que hoy termina, dejando al señor don José Slim libre de toda responsabilidad por este motivo.

CUARTA. Declaran los hermanos Slim que la casa comercial de que trata esta escritura, que queda aplicada a don Julián Slim, cuya posesión y dominio le ha sido transmitido, sin reserva alguna de parte de don José Slim y se hace la enajenación tal como se encuentra actualmente o más bien dicho por acervo o puerta cerrada, quedando incluidos en la adjudicación todas las mercancías, existencias, mostradores, armazones y cuanto más corresponda a dicha negociación del hecho y por derecho.

QUINTA. Por virtud de lo antes expresado los hermanos Slim dan de todo punto terminada y cumplida la escritura de quince de mayo de mil novecientos once ante el presente Notario, y el señor don Julián acepta esta escritura para su resguardo y se da por bien recibido a su satisfacción de la negociación que adquiere y se le ha aplicado, cuya adjudicación queda sujeta a sus condiciones naturales sobre transmisión de derechos de propiedad y dominio, evicción y saneamiento.

SEXTA. Los tribunales de esta capital serán los únicos competentes para decidir y fallar acerca de las diferencias que surjan entre los comparecientes, renunciado desde ahora el fuero de su domicilio y vecindad sea cual fuere el que en lo futuro puedan tener o adquirir.

SÉPTIMA. Declaran que contra la aplicación y adjudicación que acaban de pactar no tienen ni se reservan excepción alguna que hacer valer ahora ni en tiempo alguno; que el valor fijado a la casa comercial aplicada, es el justo pero que si más o menos valer pudiera de la diferencia se hacen mutuamente donación renunciando expresamente los artículos mil setecientos cincuenta y ocho y dos mil ochocientos noventa del Código Civil del Distrito Federal que tratan de la lesión y el término que para pedir la rescisión de los contratos señala el artículo mil setecientos sesenta del mismo Código.

OCTAVA. En caso de muerte o incapacidad legal del señor don Julián Slim, el señor, su hermano don José del mismo apellido intervendrá en la negociación por el saldo que en esa época adeudaré aquél a éste, y cesará está intervención cuando quede totalmente cubierto todo lo adeudado por capital o accesorios.

NOVENA. Como consecuencia de lo anteriormente asentado, el señor don Julián Slim continuará sus operaciones, quien podrá hacer uso de la firma o razón social "José Slim y hermano", agregando la palabra sucesor sin que por esto quede el señor don José Slim obligado de manera alguna en las transacciones que aquél celebre en lo sucesivo.

DÉCIMA. Mientras tanto el señor don Julián Slim no haya cubierto o satisfecho todas las exhibiciones o accesorios de que trata la cláusula segunda no podrá enajenar la negociación de que tanto se ha hablado, sólo se le faculta para organizar sociedades haciendo ingresar nuevos socios pero respetando los derechos del señor don José Slim.

UNDÉCIMA. En caso de la enajenación de la expresada casa comercial el señor don Julián pagará al señor su hermano, don José todo lo adeudado en esa época, a no ser de que esté consiente de la enajenación reconociendo el nuevo adquirente las deudas con las garantías que el acreedor tuviera a bien exigir.

DUODÉCIMA. El señor don José Slim y don Julián del propio apellido convienen en que para facilitar el pago de los abonos de que trata la cláusula segunda, este último extenderá otros tantos pagarés a favor del primero o a su orden.

DÉCIMOTERCERA. Convienen los mismos comparecientes en que la negociación que hoy se liquida tiene a su cargo y reconoce la suma de nueve mil doscientos setenta y cinco pesos en efectivo que facilitó a la compañía el señor don José en febrero de mil novecientos catorce en diversas partidas, cuya suma procede de su propio peculio; también declaran que el referido señor don José entregó a la expresada sociedad, mercancías compradas por el mismo a los señores Bacha y sucesores, por valor de seis mil ochocientos ochenta y nueve pesos, sesenta centavos según remisiones de la misma fecha advirtiendo que las mercancías de que se viene hablando, son artículos de perfumería, el señor Julián Slim conviene en pagar a su hermano referido la mencionada deuda en efectivo en la forma siguiente: la mitad o sean cuatro mil seiscientos treinta y siete pesos, cincuenta centavos al firmar la siguiente escritura y que yo el Notario doy fe haber sido en mi presencia en billetes de Banco y dinero efectivo; y el resto o sean igual suma, se pagará a treinta días a vista en moneda mexicana o en billetes de Banco de circulación forzosa, y al efecto extenderá don Julián a favor de don José o a su orden un pagaré pagadero en esta ciudad por lo que se refiere a las mercancías el referido señor don Julián las devolverá a don José en el término de tres días y si algo faltare pagará su importe en efectivo al costo y al contado.

DÉCIMOCUARTA. Los gastos y honorarios que cause ésta escritura serán por mitad entre ambas partes contratantes, por todo lo cual consienten los contratantes en que por virtud de esta escritura se hagan las anotaciones, tildaciones e inscripción correspondientes: dada la lectura de este instrumento a los señores comparecientes y explicado que les fue su valor y fuerza legal, manifestaron estar de acuerdo con él y firmando en comprobación el dieciséis del mismo en un solo acto, agregando en este acto que quedan sin efecto las cláusulas octava, novena y décima; y la undécima se modifica en los siguientes términos. Undécima: en caso de traspaso de la negociación, antes de estar liquidado don José el señor don Julián pagará a su hermano don José lo que en aquel momento le estuviese adeudando, o en dinero efectivo con un descuento de nueve por ciento al año proporcionalmente al término de los respectivos vencimientos o haciéndole sesión en la forma legal de la cantidad que concurra con su adeudo del precio que el comprador de la negociación haya quedado a deber, haciéndose responsable don Julián del pago de ese adeudo en caso de no satisfacerlo el comprador, en el concepto de que la mitad de la que reciba en efectivo, don Julián la aplicará a pagar el crédito de don José o en todo o en parte, gozando del expresado descuento. Doy fe. José Slim. Julián Slim. Patricio Aguilar. Gregorio Núñez. Autorizada el veintiuno del mismo mes en la ciudad de México. Mariano Gavaldón Chávez. N. P. El sello de autorizar.

Sacóse este primer testimonio del Protocolo de mi cargo para el señor don Julián Slim, va en cuatro fojas con los timbres de ley y está cotejado. Obra agregada al Apéndice del Protocolo la nota que acredita el pago de ciento trece pesos veintiocho centavos, que por el impuesto del timbre causaron las operaciones consignadas en este instrumento; y hago constar que el texto, de dicha nota y certificación de la oficina del timbre es como sigue: Al margen un membrete que dice: Mariano Gavaldón Chávez. Notario Público. México. Siete estampillas por valor de ciento trece pesos veintiocho centavos debidamente canceladas. Al centro: México 21 de mayo de 1914. Hoy día 21 de mayo de 1914, se acabó de firmar la escritura número 1783 de fecha 11 del corriente mes en la que se contienen las siguientes operaciones: Disolución de sociedad y recibo otorgada por los señores don Julián Slim y don José Slim. Con fundamento en el artículo 14, fracciones 38 y 90 inciso [...] de la ley de Timbre vigente, opinó que deben causar las siguientes estampillas: $4.00, por cada $1,000.00, o fracción sobre $4,637.50. $9.25 Suma $113.28. Mariano Gavaldón Chávez. Rúbrica. Un sello que dice: Mariano Gavaldón Chávez. Notario No. 11. Ciudad de México. Número 11, 915. el administrador principal del Timbre en el Distrito Federal, certifica: que con esta fecha pagaron ciento trece pesos, veintiochos centavos, valor de las estampillas que se fijaron y cancelaron en esta nota, conforma a la liquidación formada bajo la responsabilidad del Notario que la subscribe. México 21 de Mayo de 1914. F. Elguero. Rúbrica. El sello de la Administración. México, mayo veintiuno de mil novecientos catorce. Doy fe y de que se sacó de este testimonio una copia en prensa.

Derechos devengados por la escritura $128.00

Por el testimonio $5.50

Hago constar, que en la nota del timbre inserta en el presente testimonio obra adicional en las que aparecen adheridas y canceladas ocho estampillas por valor de veinticuatro pesos, veintiocho centavos, cuya suma se omitió cubrir y siendo el pedimento y certificación de dicha nota adicional siguiente. Nota adicional: por un error de cotización del impuesto de la presente nota se pagó sólo ciento trece pesos veintiocho centavos, que es la suma que debe llevar la presente nota, por lo tanto ruego al señor Administrador se sirva ordenar se adhieran veinticuatro pesos veintiocho centavos para que quede cubierto el

61

impuesto del timbre respectivo y cuya diferencia se distribuye del modo siguiente: $4.00 por cada $1,000.00 o fracción sobre $4,000.00. $16.00. $0.04 por cada $10.00 o fracción sobre $4,637.50. $9.25 Suma $24.28, Junio 9 de 1914. Mariano Gavaldón Chávez. Rúbrica. Núm. 12,555. El administrador principal del Timbre en el Distrito Federal, certifica: que con esta fecha se adhirieron y cancelaron en la presente nota adicional estampillas por valor de $24.28 para el completo pago del impuesto según la liquidación hecha bajo la responsabilidad del Notario que la suscribe. México 9 de junio de 1914. F. Elguero. Rúbrica. El sello de la Administración. Al margen ocho estampillas por valor de veinticuatro pesos veintiocho centavos debidamente canceladas. México nueve de junio de mil novecientos catorce. Doy fe y de que se sacó de la presente nota adicional una copia en prensa. E. R. Suma $24,28. 12,555.-Vale

La sociedad mercantil de los hermanos Slim Haddad fue bautizada en honor a su lugar de origen como La Estrella de Oriente y su capital inicial fue de veinticinco mil pesos.

La apuesta de los Slim sobre la economía del país les había dado la razón para triunfar en los negocios. La crisis había pasado. Todos los ramos de la actividad económica se encaminaban otra vez a la ruta del progreso. Hacia 1911 la producción agropecuaria exportable cobró la cifra nunca vista de 71 millones de pesos. Las cosechas de maíz y de frijol fueron el doble de las de diez años antes. También se duplicó el volumen, que no valor, del algodón, la caña de azúcar y el tabaco. De los productos exportables, sólo el café y el garbanzo no volvían a levantar cabeza. En cambio, el chicle, el henequén y el hule batieron todos los récords. La producción industrial llegó a valer casi 500 millones, poco menos del doble de diez años antes. La industria minero-metalúrgica produjo 270 millones, y la manufacturera los restantes. El ramo textil no recobró el impulso que tenía antes de 1908; el tabacalero se estancó y el alcohólico se fue cuesta abajo, pero las industrias del azúcar y del fierro compensaron con creces estancamientos y caídas de las otras ramas. Las importaciones no reconquistaron la altura de los 225 millones de 1907. El valor de las exportaciones, en cambio, llegó a la cifra sin igual de 288 millones de pesos de 1900. En fin, 1911 fue un año de bonanza económica.

En mayo de 1914, don Julián Slim quien entonces contaba con 26 años de edad compró a su hermano José el cincuenta por ciento de la parte que le correspondía en la cantidad de treinta mil pesos.

Ya como único dueño de La Estrella de Oriente —pues su hermano José, invadido de una nostalgia por su pueblo, regresó a vivir a Líbano— don Julián el patriarca de la dinastía Slim acrecentó su espíritu de comerciante.

En 1920 le mandó un cablegrama a uno de sus agentes de compras, Dib Barquet, su enviado en Nueva York, en el que le exigía que debía ponerse más atento para obtener las mejores condiciones de compra.

Don Julián le escribió a Barquet:

Recibí el duplicado del pedido que hizo usted en la casa Clark y revisando los precios veo que el alfiler de seguridad Iris nos lo facturaron el 8 de mayo del año pasado a los mismos precios, pero con un descuento mayor, de más de siete por ciento. No se deje usted dominar por las atenciones que le dispensen, sino procure, en todo caso, obtener las mejores ventajas, por lo que le recomiendo en especial, que evite hacer compras a las casas importantes porque éstas siempre buscan un margen de comisión. Vaya al directorio, encuentre a los fabricantes entrevistándolos directamente para que no haya lugar a dividir la comisión.

El hecho es que don Julián enviaba a Barquet con letras de crédito de miles de dólares, francos y marcos alemanes a viajar a las principales capitales manufactureras del mundo para comprar productos de mercería, perfumería, joyería, bonetería y sedería para poder vender mucho a bajos precios en La Estrella de Oriente.

Julián, el más hábil de los Slim Haddad para los negocios, fundó en 1928, cuando tenía 41 años de edad, la Cámara Libanesa de Comercio y un año después, a raíz de los ajustes a las leyes migratorias, presentó ante las autoridades mexicanas el documento que acreditaba la residencia en México de los inmigrantes libaneses, por lo tanto, fue el precursor en la defensa de los derechos de su comunidad.

Incansable, don Julián fue uno de los principales promotores de la fundación del Centro Libanés en la ciudad de México.

"Desde que llegó mi padre a México tuvo la convicción de salir adelante junto con el país que lo había recibido", dice su hijo Carlos Slim.

Por otra parte, treinta años después de haber retornado a Líbano, José Slim antes de morir, en 1944, recibió del gobierno de Francia la Orden de Caballero de La Legión de Honor.

LA DINASTÍA

Retrato de familia

Carlos Slim Helú, a diferencia de sus padres, no tuvo una infancia traumática; como cientos de miles de libaneses, éstos tuvieron que sobrevivir a la devastación de su nación. Carlos Slim es el símbolo de la nueva generación de mexicanos de ascendencia libanesa que le han dado un impulso a su nuevo país.

Heredó de su padre el arte de hacer negocios, le aprendió ese don de oler y saber en dónde está el dinero, lo que le ha proyectado una imagen de moderno rey Midas.

Desde su infancia empezó a forjar su destino y pasados los cincuenta años de edad Slim empezó a encabezar la lista de los hombres más ricos del mundo.

Hijo del comerciante Julián Slim Haddad y de la chihuahuense de ascendencia libanesa Linda Helú quienes se casaron en 1926, Carlos Slim Helú nació el 28 de enero de 1940 cuando sus padres vivían en la Avenida México número 51, en la colonia Hipódromo Condesa, una de las zonas de abolengo en la capital del país.

Cuando sus padres contrajeron nupcias, su abuelo materno José Helú leyó ante los presentes la siguiente carta de bendición bajo la caligrafía de Muhámad Abu-Shajín, titulada "Cariño Paternal":

¿Cómo he de comportarme el día del matrimonio para ser elocuente

65

y satisfacer mi cariño? ¡Ojalá pudiera lograrlo! Trenzaría en las estre-
llas dos coronas para ceñir a dos astros refulgentes y eso sería bastante.

¡Linda! Para describirte, no voy a imitar los amaneramientos de
algún poeta. Para evitar las flechas de los críticos, te hablaré mejor con
el lenguaje que podría emplear para darte consejo.

Linda: ya que seguiste la ley del creador, que es ley de los siglos
y del secreto escondido, ya que dejaste mis brazos por otros brazos,
semejantes a los míos, y que te apartaste de mi regazo en busca del
pecho de tu prometido, y saliste de la suave sombra del padre para encontrar la dulce sombra del amor, emula a tu madre en sus virtudes y
su inteligencia e imítala en su carácter y su pureza.

Sé una princesa en la prosperidad y muéstrate como rocío com-
pasivo, sin mezquindad, hacia los pobres. La mansedumbre en la mujer
es una joya que la aleja de la fortuna intranscendente. Y la ostentación
¡a cuántos humilló y cómo hizo que el tirano cayese de su trono!

Si la pobreza te afligiera, no te lamentes, ni te dejes vencer: por
el contrario, acepta con certeza los sinsabores de la vida y apura la
amarga copa hasta las heces y si los envidiosos urdieran una calumnia
en contra tuya, elévate, con tu nobleza, por encima de quien lo haga,
porque el perdón destruye el mal con mayor eficacia que el filo de un
arma.

Sé fiel hacia tu esposo y atiende sus necesidades sin murmurar;
si él sonriera con alegría, no frunzas las cejas; si se enojara, tómalo en
cuenta y sé para él, sus familiares y amigos un lazo de lealtad que nunca los defraude.

Y si tu hermano lastimara a tu esposo, enójate con él, y si tu esposo se encariñara con su enemigo, acógelo, pues la felicidad del matrimonio es un intercambio mutuo; por eso, averigua las intenciones
de tu marido y trata de cumplirlas.

Y si siguieres mis consejos, que te doy porque te conozco bien,
podrás cosechar los frutos de la virtud y te será dado mucho más por
añadidura.

¡Oh Khalil! Acógela: es "una porción de mi hígado", a tal punto que yo no vacilaría en seguir alimentándola con mi propia sangre
y daría mi alma por su felicidad, pues es una virgen hermosa y púdica,
virtuosa, noble e instruida. Y si ella te ofendiera, sin propósito, sé com-
prensivo y amoroso y perdónala. Y si alguna vez te confiara alguna

desdicha, protégela con serenidad del perverso que la haya ofendido, porque tú eres el único dueño de su casa y serás el refugio el día de la prueba.

Por vosotros, hijitos, hago mis mejores augurios: que la prosperidad y las dulzuras de la vida os acompañen siempre.

¡Mil gracias a todos vosotros, que sabiamente tomasteis la palabra, por que nos hicisteis un favor que no tiene precio!

Khalil, sus comensales, la honrada familia Slim y Yúsuf-El Helú os dan las gracias.

Carlos Slim fue el quinto de seis hermanos —tres mujeres y tres hombres: Nour, Alma, Linda, Julián, José y Carlos—; después de su madre, su nana Josefina, una mujer oaxaqueña que estuvo con la familia por más de medio siglo, jugó un papel importante en su infancia.

De todos los hermanos, Carlos fue quien heredó de su padre la habilidad para los negocios.

Así recuerda Carlos Slim a don Julián Slim Haddad el patriarca de la familia:

> Mi padre nos dio una educación basada en valores bien definidos. Era una persona de una carácter determinado y de valores muy sólidos que le brindó siempre a la unión familiar un lugar prioritario en su vida, logrando establecer en ella una grata armonía, principios de honradez, sinceridad y una honda preocupación por México.

Recuerda que su progenitor no le daba mucha importancia a las cosas materiales, sino a las que realmente tenían trascendencia. Su padre, dice, fue una persona muy cercana a él, lo mismo que su madre, doña Linda, quien era una mujer con mucha personalidad y muy ordenada. Sus padres, añora el magnate, eran gente de amplio criterio y con grandes valores humanos.

El pequeño Carlos acompañaba frecuentemente a don Julián a su trabajo. Ambos tenían charlas de diferentes temas pero en especial hablaban de negocios a pesar de su corta edad. Solía escuchar las tertulias que su padre realizaba con un grupo de amigos, "eran personas muy sabias de las que aprendí mucho", recuerda Slim, quien a partir de esos encuentros le nació su vocación empresarial y se inició a los diez años de edad poniendo una tiendita abajo de las escaleras de su casa donde los fines de semana les vendía dulces y refrescos a sus tíos y a sus primos.

Sus estudios de primaria y secundaria los realizó en el Instituto Alonso de la Veracruz, un colegio de agustinos. Slim, desde esos años comprendió lo importante que es el ahorro, por lo que abrió su propia cuenta de cheques con 500 pesos y más tarde invirtió en Bonos del Ahorro Nacional, capital con el que años después, mientras cursaba sus estudios de bachiller en la Escuela Nacional Preparatoria en San Ildefonso compró sus primeras acciones del Banco Nacional de México.

Sin embargo, no todo en la vida del pequeño Carlos Slim era miel sobre hojuelas, pues su padre murió cuando él apenas tenía 13 años aunque había dejado a la familia en muy buena posición económica.

Cuenta Carlos Slim sobre el espíritu emprendedor del patriarca de la familia:

Mi padre tenía una enorme dedicación al trabajo y su gran talento empresarial que pronto se hicieron notar. Para el 21 de enero de 1921, apenas diez años después de fundada la Estrella de Oriente, esta empresa tenía mercancía por un valor superior a los 100,000 dólares. Asimismo, ya para esta fecha, y según la Notaría número 11, durante los últimos tres años había adquirido las siguientes propiedades: José María Izazaga 30 y 32 el 29 de julio de 1918, Corregidora 7 esquina Correo Mayor, el 2 de junio de 1919, Correo Mayor 43 el 12 de diciembre de 1918, Correo Mayor 45 el 11 de octubre de 1919, Venustiano Carranza 118 y 120, el 29 de septiembre de 1919 y Venustiano Carranza 124 el 30 de septiembre de 1919. Las últimas cinco ocupando más de cuarenta por ciento en la misma manzana, frente al Palacio Nacional y en una de las más activas zonas comerciales del centro de la ciudad. El valor actual de la tienda sería superior a los cinco millones y el de las propiedades del orden de veinte millones de dólares.

Prosigue el magnate su relato:

Las razones del éxito comercial de mi padre fueron simples: vocación, talento y trabajo, sus consejos en cuestiones profesionales, morales y de responsabilidad social eran muy claros. Cito sus propias palabras: "El comercio debe implantar un sistema útil; sus actividades y su finalidad descansan en una pequeña ganancia en las ventas. Debe proporcionar al consumidor artículos finos y baratos, y tratar directamente con él, darle facilidades de pago, ajustar sus actos a la más estricta moralidad y honradez".

Su padre se anticipó al pensamiento empresarial de su época, "pues tuvo un dominio profundo de la actividad comercial. Ya en los años veinte hablaba de que el comercio eficiente era el que vendía grandes volúmenes, con márgenes reducidos y con facilidades, factor este último, que aún no incorporan los grandes almacenes hoy en día".

Sobre la influencia de su padre en su formación como hombre de negocios, Carlos Slim cuenta:

Debo afirmar que desde el principio conté con el apoyo familiar, el cual no se limitaba a lo material, sino principalmente al ejemplo y la formación. A fines de 1952 cuando yo tenía doce años, y con el fin de administrar nuestros ingresos y egresos, mi papá nos estableció la obligación de llevar una libreta de ahorros, que revisaba con nosotros cada semana. Siguiendo esta regla, llevé mis balances personales varios años. Así, en enero de 1955, mi patrimonio era de 5,523.32 pesos, y para agosto de 1957 aumentó a 31,969.26; siguió creciendo, invertido fundamentalmente en acciones del Banco Nacional de México, y usando en ocasiones crédito, de manera tal que para principios de 1966 mi capital personal era mayor a 5'000,000.00, sin incluir el patrimonio familiar.

Más tarde, las inversiones en valores familiares las dividieron en seis partes, así como las menos productivas. De tal suerte, dice Slim que le tocaron las propiedades en las calles de Corregidora, Alhóndiga, Juan de la Granja esquina con Corregidora (misma que tiempo después le fue expropiada). Después de algún tiempo vendieron varias propiedades como Rubén Darío (actual Embajada de Canadá), Martí (Hospital de México), Venustiano Carranza 124, Corregidora, y tres en Correo Mayor, en un monto aproximado de veinte millones de dólares quedando actualmente solamente cuatro copropiedades.

No todo en la dinastía de los Slim ha sido el dinero. Don Julián tenía algo de bohemio y su entorno giraba alrededor de un ambiente intelectual, algo que también heredó su hijo el magnate.

A los 39 años don Julián contrajo nupcias con Linda Helú, hija de uno de los más distinguidos intelectuales que ha tenido la comunidad libanesa en México, don José Helú, quien trajo a nuestro país la primera imprenta en lengua árabe y fue el fundador del periódico *Al-Jawater* (*Las Ideas*).

José Helú, abuelo materno de los magnates Carlos Slim Helú y su primo Alfredo Harp Helú, en la década de los treinta se reunía con periodistas, escritores e intelectuales libaneses avecindados en la ciudad de México, quienes formaron una Liga Literaria. Las tertulias a las que en ocasiones asistía Julián Slim se celebraban en la casa de Antonio Letayf, quien había atesorado una vasta biblioteca a la que acudían estudiosos y amigos a consultar libros en varios idiomas sobre cualquier tema.

La Liga Literaria estaba formada por don José Helú, Antonio Letayf, Nasre Ganem, Leonardo Shafick Kaim, Nacif Fadl, Salim Bacha, Anuar Merhy y William Jammal. Las tertulias se llevaban a cabo en la casa de Letayf o Shafick Kaim lo mismo que en algún café e invitaban a otros poetas y escritores.

Eran los tiempos de la bohemia en la ciudad de México cuando los grupos de intelectuales de todas la corrientes literarias y políticas de mexicanos e inmigrantes de varios países pusieron de moda lugares como La Opera, el café París, el Regis, el Tupinamba, el Campoamor, a donde se daban cita personajes de la cultura como José Gaos, León Felipe, Antonio Helú, Mauricio Magdaleno, Jaime Torres Bodet, Salvador Novo, Hugo Thilgman, Tufic Sayeg, Federico Heuer, el vate Antonio González Mora, los hermanos Gabriel y Armando Villagrán, entre otros muchos. Hablaban de cualquier cosa, de box y de José Vasconcelos.

Antonio Helú, hijo de don José Helú, tío del magnate Carlos Slim, era un consumado escritor y director de cine, incluso fue de los pioneros en la narrativa policiaca y llegó a destacar tanto que una de sus obras *La obligación de asesinar*, llegó a figurar en el Queen's Quorum de Ellery Queen dentro de una de las colecciones policiacas de mayor importancia.

Promotor incansable de la cultura, el abuelo del magnate Slim, José Helú, fundó la revista *Policromías*, una publicación estudiantil en la que se dieron a conocer los primeros versos de Jaime Torres Bodet, Salvador Novo, Xavier Villaurrutia y Carlos Pellicer. Los Helú lanzaban tres ediciones: una mensual de literatura, otra semanal de combate y la quincenal de caricaturas, donde debutaron Miguel Covarrubias y Hugo Thilgman.

Años más tarde una de las obras de Antonio Helú, *El crimen de Insurgentes* fue llevada al teatro por un grupo llamado Compañía Misterio y en el que figuraban Andrea Palma, Carlos Villarías, José Luis Jiménez y Juan José Martínez Casado.

Eran tiempos en los que los libaneses en México tenían una presencia importante en la vida del país. El ambiente cultural, político e intelectual que envolvía a la sociedad, se complementaba con el mundo de la farándula; actores como Joaquín Pardavé y Sara García protagonizaban historias de familias libanesas asentadas en el país. Pardavé era el *harbano* Jalil y las luminarias del espectáculo se presentaban en el teatro Principal o el Lírico donde el señor de la comedia mexicana era Leopoldo el Cuatezón Beristáin, al lado de Lupe Rivas Cacho, la Pingüica, Roberto el Panzón Soto, Celia Montalván, María Conesa y Herminia Quiles.

En 1940 cuando nació Carlos Slim Helú, fue asesinado en la ciudad de México el revolucionario ruso Lev Trotsky; nuestro país se desenvolvía en una incipiente estabilidad política; dos años antes el presidente Lázaro Cárdenas había decretado la expropiación petrolera y el país apuntalaba su economía en el petróleo. Sus exportaciones, sin embargo, eran boicoteadas por las compañías que exigían que les fueran restituidos sus intereses. Mientras tanto, el sector rural apenas salía de su letargo después de una sangrienta revolución que derivó en una reforma agraria cuyo lema era "La tierra es de quien la trabaja". Entre 1934 y 1940, Cárdenas creó alrededor de 180 mil ejidos, que abarcaban más de 20 millones de hectáreas y beneficiaban a 750 mil familias. Auspiciada por el gobierno se formó la Confederación Nacional Campesina (CNC), con intención de dar voz a los campesinos dentro del partido gobernante (el Partido de la Revolución Mexicana), y se inició una campaña para integrar a la población indígena del país.

Pero los grupos católicos y la clase media se desilusionaron con el radicalismo del presidente Cárdenas; de esa inconformidad surgió el Partido Revolucionario de Unificación Nacional (PRUN) y fue postulado como candidato presidencial el general Juan Andrew Almazán, personaje de gran influencia en la revolución que una vez enriquecido se volvió conservador, y al que se le despojó de su presunto triunfo electoral mediante un fraude, lo que provocó un revuelo político que pudo derivar en una guerra civil. Finalmente, el ejército, fiel al sistema, respaldó a Cárdenas quien en diciembre de 1940 entregó el poder a Manuel Ávila Camacho.

Durante el gobierno de Ávila Camacho se inició el éxodo masivo de campesinos a las principales ciudades del país donde había una mejor oferta de empleo, aunque otros optaron por irse a Estados Unidos aprovechando los acuerdos de un programa bracero suscrito entre el gobierno estadunidense y el mexicano.

Cuando Carlos Slim cumplía tres años de edad y la comunidad libanesa se consolidaba en su nueva patria, el 22 de noviembre de 1943 Líbano alcanzaba su independencia del imperio otomano en el ámbito de la modernidad que, supuestamente recorría el mundo. A punto de concluir el mandato del presidente Ávila Camacho los gobiernos de México y Líbano establecieron relaciones diplomáticas. Era 1946.

Desde su nacimiento en enero de 1940 hasta el año de 1953 en que falleció su padre, Carlos Slim vivió junto a sus hermanos una dorada infancia.

Slim recuerda que su padre le dejó un sinnúmero de anécdotas y buenos recuerdos que aplica en su vida diaria y que suele comentar con gusto y a manera de enseñanza a sus seres queridos, destinando el mismo amor y ejemplo recibido hacia su familia.

Ha contado que desde muy joven tuvo que madurar y aunque desde sus tiempos de estudiante preparatoriano era muy amiguero, se mostraba, al mismo tiempo, como un muchacho de carácter reflexivo. Le agradaba salir con sus amigos e ir a las fiestas, pero su vida no giraba alrededor de ese ambiente. En ocasiones prefería permanecer en su casa algún fin de semana; era introspectivo, le gustaba analizar todo lo que sucedía en su país y la problemática de la sociedad.

A los 19 años de edad se matriculó en la Universidad Nacional Autónoma de México para cursar la carrera de ingeniería. Antes de concluir sus estudios ya impartía en la UNAM la cátedra de álgebra.

En 1962, a la edad de 22 años se graduó con la tesis "Aplicaciones de la Programación Lineal en Ingeniería Civil". Ese mismo año tomó un curso de Desarrollo Económico y Evaluación de Proyectos. Posteriormente viajó al extranjero para realizar otros estudios de especialización en programación industrial en el Instituto Latinoamericano de Planeación Económica y Social en Santiago de Chile.

En los sesenta, cuando para la gran mayoría de los jóvenes empresarios e intelectuales, París era una fiesta, para Carlos Slim, México era un país de oportunidades; eran los tiempos del llamado "desarrollo estabilizador", época que algunos economistas y políticos calificaron como el "milagro mexicano". La economía se regía por el crecimiento con estabilidad de precios y el PIB crecía a tasas anuales de seis por ciento. En el fondo, el modelo no era mágico: se trataba de una estrategia económica ajustada al objetivo central de mantener, ante todo, la estabilidad cambiaria, evitando que las presiones devaluatorias se manifestaran abiertamente. Así, las presiones inflacionarias y la estabilidad de la balanza de pagos se convirtieron en las políticas centrales. Esto llevó a sacrificar metas sociales como salarios y mayor desarrollo social; de hecho, fue una etapa de "crecimiento con pobreza".

No obstante, Slim emprendía el vuelo en los negocios iniciándose en la industria inmobiliaria con una empresa especializada en bienes raíces. Ya entonces causaba asombro por su capacidad administrativa y su ingenio estratégico.

Durante sus primeros pasos como negociante, contrajo matrimonio con Soumaya Domit Gemayel, quien sería el amor de su vida. El sacerdote que ofició la ceremonia de este casamiento fue Marcial Maciel, fundador de los Legionarios de Cristo.

Hija de Antonio Domit Dib y Lili Gemayel, Soumaya —nacida en México en 1948— desde su juventud se dedicó a las obras de beneficencia apoyando a su esposo Carlos Slim en las buenas y en las malas.

De ascendencia libanesa Domit Dib originario de Bechele, fue condecorado por el gobierno de su país con la Orden del Cedro; promovió la industria del calzado en nuestro país y durante años ocupó la presidencia de la Cámara Nacional de la Industria del Calzado.

La madre de Soumaya, Lili Gemayel pertenecía a una importante familia de políticos de su país. El tío de Soumaya, Amin Gemayel fue presidente de Líbano.

Cuando se casaron, en 1966, Carlos Slim recibió como regalo un millón de pesos de su mamá con lo que compró un terreno en Polanco. La costumbre en la comunidad libanesa era construir la casa de la nueva familia. Pero la nueva pareja decidió construir en su lugar, un edificio; vivían en un piso y rentaban los otros departamentos, entre sus inquilinos estaba el amigo de toda la vida de Slim, Ignacio Cobo.

En ese edificio de la calle de Bernard Shaw, el matrimonio Slim-Domit se dividió el trabajo de acuerdo con los papeles convencionales. Soumaya se dedicó a la crianza de los hijos: Carlos, Marco Antonio, Patricio, Soumaya, Vanessa y Johanna.

74

Carlos se dedicó a trabajar en el piso de remates de la Bolsa Mexicana de Valores en el viejo edificio de la calle de Uruguay.

En esos tiempos Slim convivía todos los días con un grupo de amigos casabolseros, Ignacio Cobo, Onésimo Cepeda, Roberto Hernández, su primo Alfredo Harp Helú y otros jóvenes. Pasaba todas las mañanas con ellos en el piso de remates, y a la hora de la comida jugaban dominó en alguna de las cantinas del centro de la ciudad; por la tarde hacían los cotejos y el trabajo de oficina que implicaban las operaciones bursátiles y financieras. En ocasiones, por las noches, Carlos y Soumaya eran los anfitriones de sus amigos con quienes pasaban gratas veladas mientras algunos de ellos tocaba la guitarra, cuando ya habían mandado a los niños a la cama. En esos tiempos jugaban dominó con Slim, Ernesto Riveroll, Luis Mondragón, Silviano Valdez, Enrique Trigueros e Ignacio Haro, mientras comían en diversas cantinas del centro.

Por esos años Slim fundó Inversora Bursátil y en 1967 se llevó a trabajar a su primo Alfredo Harp Helú que era contador en Price Water House y tres años más tarde, en 1970, Slim, le dio empleo a Roberto Olivieri y a Roberto Hernández Ramírez.

Cuando Carlos Slim termina sus actividades de trabajo alrededor de las diez de la noche, se dirige a su casa y convive con su familia. Todos se reúnen en la cocina conforme van llegando de sus diferentes actividades. Junto con sus hijos, preparan la cena y conversan lo acontecido durante el día. En ocasiones el matrimonio Slim salía a cenar o a cumplir algún compromiso. Al menos ésa era la rutina hasta antes de que Soumaya Domit falleciera, el 7 de marzo de 1999.

Soumaya padeció una insuficiencia renal crónica y Slim leyó todo lo que encontró sobre esta enfermedad, al punto de convertirse en su mejor médico. Cuando iban los doctores a verla, estaba perfectamente enterado sobre los métodos terapéuticos.

Sin embargo, en los últimos años la salud de Carlos Slim también ha menguado, pero sus hijos y sus nueve nietos siguen unidos a él. A raíz de una operación del corazón realizada en Houston, en octubre de 1997 y que lo mantuvo en recuperación durante tres meses, provocó una serie de rumores, en los que se llegó incluso a especular con la "muerte" del magnate.

El asunto provocó revuelo en los círculos financieros. Antes de las 8 de la mañana del miércoles 12 de noviembre, en todas las oficinas de las casas de bolsa, durante las juntas matutinas, los ejecutivos examinaron la información de los periódicos. El nerviosismo comenzó a aparecer junto con las consultas y llamadas telefónicas. El desconcierto tenía un origen: Carlos Slim Helú había muerto.

Ésa había sido la noticia que contenía el reporte de *Fin Fax*, un servicio exclusivo de síntesis noticiosa que brindaba por telefax el periódico *El Financiero*, que comenzó a distribuir entre sus suscriptores desde las seis de la mañana.

Los altos funcionarios del Grupo Carso y Teléfonos de México reaccionaron con retardo, no sabían qué hacer para detener el rumor y empezaron a realizar cientos de llamadas a las casas de bolsa y los medios de información para aclarar que el magnate se encontraba en recuperación de una cirugía y que en breve se reintegraría a sus actividades.

Al mediodía los directivos de *El Financiero* se vieron obligados a enviar una "aclaración" a sus suscriptores admitiendo el "error" de su información. Pero ya era tarde, las acciones del Grupo Carso habían caído 6.5 por ciento y las de Telmex 3.35 por ciento.

La falsa noticia se extendió a Nueva York y los ejecutivos del Grupo Carso detuvieron las especulaciones anunciando que efectivamente Slim había sido sometido a una operación cardiovascular, y que si bien se había presentado una neumonía durante su convalecimiento, el peligro ya había pasado y que en un par de semanas iba a regresar a sus actividades luego de pasar unos días en Acapulco antes de adaptarse a la altura de la ciudad de México y tratar de recuperar su condición física, ya que había perdido 23 kilos de peso. No obstante su estado de salud, Slim estaba al tanto de sus negocios y se comunicaba con cada uno de los miembros de su primer círculo de colaboradores.

La experiencia de estar al borde de la muerte lo hizo reconsiderar su propio estilo personalizado y casi secreto de hacer negocios. Ya restablecido Carlos Slim convocó a una junta con su staff y anunció cambios en la dirección de sus empresas. Puso al frente a sus hijos y yernos, y él quedó como presidente honorario y vitalicio de su imperio, aunque estaría al tanto de las decisiones estratégicas de Carso, y se mantendría como presidente de los consejos de administración de Telmex, Carso Global Telecom y de Grupo Financiero Inbursa.

Aun cuando la decisión de los cambios de dirección ya estaba tomada desde antes de su intervención quirúrgica, éstos se hicieron hasta noviembre de 1998. Así, Carlos Slim Domit pasó a ocupar la dirección general del Grupo Carso y del Grupo Sanborns; Patricio Slim Domit, fue asignado a la dirección general de Condumex-Nacobre y todas las actividades fabriles e industriales derivadas de esas compañías y Marco Antonio Slim Domit, al frente del Grupo Financiero Inbursa y filiales. A la cabeza de Telmex se puso a Jaime Chico Pardo y como asesor de la dirección general de Teléfonos de México fue designado el yerno de Slim, Arturo Elías Ayub, quien a la vez ocupa la presidencia del consejo de administración de T1msn. Otro yerno de Slim, Daniel Hajj fue nombrado director general de Telcel, la poderosa compañía de telefonía celular, en sustitución de Pedro Arzani, quien apenas cumplía unos meses al frente de esa empresa y quien tuvo que trasladarse a Guatemala como director general de Teléfonos de Guatemala. Javier Larraza, un hombre del círculo íntimo de Slim, fue asignado a CompUSA, una de las adquisiciones más audaces del Grupo Carso.

El vocero del grupo Javier Larraza, anunció que "los cambios debían darse en algún momento, y éste llegó. Fue aceptado por los consejeros internos y externos, como Claudio X. González y Bernardo Quintana". Según Larraza, la aceptación unánime de las propuestas obedeció a que las personas indicadas para las nuevas responsabilidades no son improvisados. "A los hijos del ingeniero les ha tocado ver el abarrote."

El último yerno de Slim, el arquitecto de fama internacional Fernando Romero Havaux —hijo de Raúl Romero Zenizo y María Cristina Havaux— contrajo nupcias el 7 de julio de 2000 con la historiadora de arte, Soumaya Slim Domit. La experiencia profesional de Romero Havaux, incluye algunos proyectos realizados en el despacho Rem Kool-haas en Rotterdam, Holanda. No se descarta que este último en cualquier momento se incorpore al grupo empresarial de Slim.

Decidida la herencia de su imperio, el mejor consejo que el magnate Carlos Slim ha dado a sus hijos ha sido "siempre mantenerse lejos de los políticos"; eso le confió a la periodista Rossana Fuentes Berain cuando ésta le hacía una entrevista justo el mismo día en que Raúl Salinas de Gortari era detenido como presunto autor intelectual del asesinato de su cuñado José Francisco Ruiz Massieu.

Fuentes Berain refiere así esa anécdota:

En la sala de juntas del Grupo Carso (nombre que resulta de la fusión de *Car*los y *So*umaya). Carlos Slim Helú, el hombre más rico de América Latina platicaba conmigo y fumaba su inseparable puro, el 25 de febrero de 1995. Hablábamos de la devaluación del peso mexicano, ocurrida unas semanas antes, cuando nos interrumpió Arnulfo, uno de sus asistentes personales, quien le entregó a Slim una tarjeta: habían detenido a Raúl Salinas de Gortari.

Atónitos, fuimos hacia el televisor. Control remoto en mano, Slim, trató sin éxito, de encontrar la señal: subió el volumen en lugar de cambiar el canal; apagó el aparato, lo volvió a encender.

Finalmente, Arnulfo tomó el control; cambió de banda en el satélite y encontró lo que buscaba, un canal especial, distinto a la televisión comercial pública o por cable: la imagen en blanco y negro era impresionante: de traje, sin esposas pero con las manos ocultas en la espalda, Raúl era conducido al interior de un coche por hombres que portaban armas largas. Eso fue el principio del fin para el hermano incómodo, "Mister 10 percent", como se le conocía en los círculos empresariales mexicanos e internacionales por la cantidad que cobraba al gestionar negocios durante el mandato de su hermano Carlos.

"Por eso siempre le digo a mis hijos que se mantengan lejos

de los políticos", dijo entre dientes Slim con el estupor y la sorpresa marcados en el rostro.

∿

Ninguno de los tres herederos varones de Slim ha manifestado alguna preferencia política, aunque han opinado sobre el cambio de régimen. Carlos Slim Domit, el mayor de los hermanos, considera que el relevo del PRI en el poder por parte del PAN demuestra que no hay grandes diferencias en las propuestas para lo económico; el segundo de los herederos, Marco Antonio siente que el cambio es parte de una inercia muy fuerte que difícilmente tomará otro rumbo. Además, él considera que es una tendencia global. Patricio, el menor de los varones, sostiene que el cambio de régimen era lo más factible.

Los hermanos Slim Domit herederos del emporio forjado por su padre, tienen un punto en común: entre ellos no hay rivalidad, los tres dicen que se complementan y que eso les ha dado buenos resultados.

Carlos Slim Domit ha revelado ante los periodistas que su padre jamás los presionó para que trabajaran por compromiso y que tampoco les dijo qué deberían de hacer.

"Al revés. Siempre tuvimos libertad para estudiar lo que quisimos, para estudiar o no estudiar, para trabajar o no trabajar en el grupo o hacer otras cosas. Además, la educación de mis padres fue hacer las cosas por gusto y responsabilidad, más que por ambición."

La educación formal de los hijos terminó con su obtención de licenciaturas en administración de empresas de una universidad mexicana. Sin embargo, Slim no tiene intención de reclutar a grupos de administradores capacitados en Estados Unidos sólo para tranquilizar a los analistas de acciones.

Patricio, el menor del clan, recuerda de su madre el buen trato y la cordialidad con la gente, su preocupación por las personas. De su padre, el gusto por el trabajo y la honestidad. "A mí me preguntó hace tiempo un amigo, qué era lo que más me exigía mi papá. Yo creo que la honestidad."

Ellos son los herederos del moderno rey Midas, Carlos Slim, un hombre reacio que se niega hablar en inglés, aunque lee ese idioma con la misma rapidez con la que lee el español. Esa renuencia sorprende en un hombre que en su apuesta al futuro ha puesto en contacto a sus hijos con el futurólogo Alvin Toffler y el profesor de tecnología mediática Nicholas Negroponte quien fundó en 1985 el Media Lab del Instituto Tecnológico de Masachussetts, un centro de investigación único en el mundo. Coordina el laboratorio y administra los millones de dólares que algunas empresas invierten al año para crear la comunicación del futuro. Ambos personajes han sido invitados especiales en la casa de los Slim para hablar de los negocios del futuro, preparando así a los herederos para los proyectos de largo plazo.

LA FILOSOFÍA SLIM

Dinero llama dinero

Cuando Carlos Slim obtuvo su título universitario como ingeniero civil ya era millonario, quince años antes había emprendido sus inversiones, con esa solvencia pudo tomar un año sabático, y ahí fue cuando de verdad decidió enfocar a fondo y visionariamente sus ganas de hacer negocios. Se fue a Nueva York y observó durante meses cómo funcionaba la economía mundial, viajó a Europa, leyó mucho y regresó a México a sembrar la semilla de sus conocimientos y habilidades.

Slim era un joven de 25 años que empezaba a crear su propio mito, a la misma edad de otros muchos personajes que pasaron a ser historia. Slim es parte de la generación de jóvenes que vivieron grandes transformaciones sociales y culturales. Cuando despuntaba en los negocios se gestaba la intervención estadunidense en Vietnam y Fidel Castro se consolidaba en Cuba y el Che Guevara se convertía en un personaje iconográfico mientras los grupos de rock como los Beatles, que revolucionaron la música, se hallaban en plena efervescencia. En tanto, en México tocaba su fin el idílico milagro mexicano, el que los economistas definían como el modelo de "desarrollo estabilizador" y que consistió en un periodo de progreso desequilibrado, en el que un segmento minoritario de la población —altamente protegido por las políticas gubernamentales— se enriqueció, en tanto que el crecimiento económico del país permitía la ampliación de la clase media, pero no alcanzaba a redimir ni a atender las carencias de los marginados. En

81

la desigualdad en el ingreso y en la excesiva protección de algunos agentes económicos se fincó la debilidad de un sistema que iba a caer en crisis varios años después.

El magnate que llegó a convertirse en menos de tres décadas en el empresario más rico de México y de toda América Latina, es un hombre corpulento, bonachón, que en apariencia proyecta una imagen de una persona discreta y tímida. Aun con su fortuna se ha ganado la fama de marginado social. Rehuye la vida pública y el escándalo. Pero eso es parte de la leyenda. Para algunos, Slim es todo lo contrario, es frío, calculador, con una mentalidad de ajedrecista y está siempre donde debe estar. En los negocios siempre va tres pasos adelante. Es una máquina de hacer dinero, y ¿cómo no hacer fortuna? preguntaba Michel Tournier quien decía que la respuesta era sencilla: "Basta con sólo pensar desde la infancia más que en el dinero".

La construcción de su imperio rebasa todos los límites. Para sus admiradores es un auténtico genio que todo lo que toca lo transforma en oro. El secreto para hacerse archimillonario de este moderno rey Midas partió de su admiración por la filosofía de algunos grandes financieros como: Jean Paul Getty, Benjamin Graham y Warren Buffett, considerados, por muchos, como los maestros de la especulación.

En su juventud su afición a la lectura de la revista *Playboy*, lo nutrió de las ideas de Getty quien decía que había una fórmula segura para alcanzar el éxito financiero: "Levantarse temprano, trabajar duro, y extraer petróleo".

Inspirado en los principios de sus ideólogos del dinero, Slim siguió al pie de la letra sus postulados, como el de Warren Buffett: "No vale la pena hacer bien lo que, para empezar, no vale la pena hacer".

Benjamin Graham, otro de sus maestros, decía que "un empresario busca asesoría profesional en varias facetas de su negocio, pero jamás espera que le digan cómo conseguir beneficios".

Así, rodeado de un pequeño grupo de gurús, Slim construyó su imperio y en su afán por extender sus dominios se asoció a Bill Gates, el hombre más rico del mundo. La riqueza de ambos personajes podría exceder el producto interno bruto de la tercera parte de los países menos desarrollados en el mundo, es decir, un conjunto alrededor de cincuenta naciones.

En México, sólo una posición después de Pemex, la paraestatal más importante del país, las empresas de Slim reportan anualmente alrededor de 5 mil millones de dólares al fisco, la mayor cantidad de impuestos generados por su riqueza.

El imperio de Slim se extiende por todos los continentes. Tiene inversiones por todas partes y es conocido por comprar barato. Se convirtió en una celebridad cuando la revista *Forbes* lo incluyó por primera vez en 1992 en la lista de los hombres más ricos del planeta, con un capital de 2,100 millones de dólares. Antes era conocido tan sólo por un pequeño grupo de controladores del mercado bursátil. Ése era su mundo desde donde empezó a forjar su fortuna como profesional de las finanzas.

A mediados de los ochenta puso en práctica los conocimientos adquiridos. A Warren Buffett —el tercer hombre más rico de Estados Unidos, con una fortuna estimada en 36 mil millones de dólares— le aprendió la técnica de hacer negocios dentro de la vieja economía mediante la especulación y, sobre todo, a comprar barato fingiendo interés pero sin comprometerse a nada.

De Jean Paul Getty —magnate del petróleo quien ni él mismo conocía la cifra total de su fortuna y vivía como rey en un lujoso castillo de Londres— aprendió que "el verdadero hombre de negocios jamás está satisfecho de sus logros".

Getty solía decir que "cuando no se tiene dinero, siempre se piensa en él y cuando el dinero se tiene, sólo se piensa en él". A su maestro que murió pensando en el futuro como representación estética, Slim le aprendió la pasión por el arte. Uno de los legados de Getty es su museo en Los Angeles, California, en cuyo conjunto se mezclan los elementos más diversos, desde las columnas dóricas, comedidas y simétricas, hasta la expansión vertical infinita del rascacielos, los juegos de agua y luz, la escultura y los recursos de la cultura visual y electrónica.

Pero más que todo, asimiló las enseñanzas de Benjamin Graham quien sostenía los siguientes principios:

- El inversionista debe imponerse alguna clase de límite en el precio que paga.
- Mucho más importante que saber cuándo comprar o cuándo vender es saber cuándo no comprar.
- Nadie le pide a un experto cómo conducir sus negocios y su vida... menos la bolsa.
- Existen tres ámbitos donde una persona educada debe conducirse como un descerebrado o un niño: *1*) la religión; *2*) la bolsa; *3*) las matemáticas. En los tres casos no sólo "queda bien" considerarse un perfecto ignorante, sino que incluso es de mala educación discutir.

Graham defendía un principio de similitud entre la inversión y la especulación, así, para él era imposible distinguir entre una y otra porque a la hora de definirlo con precisión caemos en paradojas. Si la discusión gira alrededor de estos términos, entonces al final el cínico tiene razón: "Una inversión es una especulación que salió bien; y una especulación es una inversión que salió mal".

Para desbrozar el problema Graham estudia y rechaza cinco afirmaciones:

1. Invertir es comprar bonos; especular es comprar acciones. *Falso*.
2. Invertir es comprar al contado; especular es comprar a crédito. *Falso*.
3. Invertir es comprar con intención de mantener a largo plazo. Especular es para una ganancia rápida. *Falso*.
4. Invertir es esperar el dividendo. Especular es esperar la revalorización del capital. *Falso*.
5. Invertir es comprar valores seguros. Especular es comprar valores riesgosos. *Falso*.

De acuerdo a la filosofía empresarial de Graham se puede considerar una inversión "comprar acciones a crédito con intención de obtener una rápida ganancia". Algo que, a simple vista, parece una buena definición de especulación. Aunque en realidad el punto de partida en este enredado asunto, hay que situarlo en el contexto de una evidencia: "La gente dedica más tiempo a comprar un refrigerador que a comprar una acción en la bolsa". Graham le llamaba a este proceso "análisis"; Peter Lynch le llamaba "hacer la tarea".

Con esa filosofía a los 50 años, Slim pasó a convertirse en el inversionista número uno de América Latina creando su propio mito. Acumuló su fortuna en la década de los noventa bajo la sospecha de haber sido favorecido por el poder. "Slim simplemente estuvo en el momento oportuno y en el lugar oportuno", aseveró el banquero Manuel Espinosa Iglesias, quien puso punto final a la discusión sobre el origen de la fortuna del que pasó a convertirse en el hombre más rico de América Latina: "Oportunidades como éstas no se repiten".

El secreto de Slim es muy sencillo: es alérgico a la publicidad y lleva una vida frugal que raya más en la modestia que en la sobriedad. Su existencia gira alrededor de los negocios —aparece en los consejos de administración de las empresas más importantes del país— y tiene una forma parca de concebirse como el gran gurú: "No puedo estar en todas partes. Mi trabajo consiste en pensar", afirma cuando le preguntan cuál es el secreto para los negocios. Sin embargo, tiene un estilo propio para trabajar: por las mañanas, alejado de las llamadas, juntas y distracciones de rutina, se dedica a analizar documentos para irse al fondo de los asuntos y no perderse en los detalles.

En las oficinas de su grupo empresarial se pueden leer letreros colgados en la pared con la siguiente leyenda:

Ten mucho cuidado cuando
le pidas a alguien su tiempo.
Le estás pidiendo la vida,
porque su tiempo es vida.

En los negocios, desde la percepción de Slim, existen tres tipos de personalidades en las empresas: primero, el empresario; segundo, el ejecutivo y tercero, el inversionista. Los tres, dice, suelen complementarse y, a veces, hasta fundirse. El primero es que el concibe y emprende, el segundo es el que opera las empresas y el tercero el que pone los medios. Slim se define empresario, pero acota: "Podríamos decir que existe un cuarto tipo que es el político".

Ante el acoso de la apertura económica, el magnate ha pintado su raya al declararse un empresario nacionalista:

"Difiero de aquellos que piensan que los empresarios mexicanos no pueden manejar sus propios negocios, y que muchas autoridades piensan que es mejor favorecer la inversión extranjera sobre la nacional."

Desde la apertura del país a los capitales foráneos Slim ha hecho público un discurso nacionalista. Tal vez no sea fortuito que sobre su escritorio principal de trabajo se encuentre enmarcada una célebre carta de Benito Juárez a Matías Romero, fechada en Chihuahua, el 26 de enero de 1865, en la que se lee:

Sr. D. Matías Romero
Washington
Mi querido amigo: Por su carta de 14 de noviembre pasado y por las comunicaciones oficiales, que remite al ministerio quedo impuesto de que las cosas han cambiado en ésa de un modo favorable a nuestra causa, lo que celebro mucho, pues estaba yo muy inquieto por las noticias que corrían, de que ese gobierno estaba dispuesto a reconocer el imperio de Maximiliano. Así tendremos a lo menos una cooperación negativa de esa república, pues en cuanto a un auxilio positivo, que pudiera darnos, lo juzgo muy remoto y sumamente difícil, porque no es probable siquiera que el sur ceda un ápice a sus pretensiones y en tal caso, ese gobierno tiene que concluir la cuestión por medio de las armas, y esto demanda mucho tiempo y muchos sacrificios.

La idea que tienen algunos, según me dice usted de que ofrezcamos parte del territorio nacional para obtener el auxilio indicado, es no sólo antinacional, sino perjudicial a nuestra causa. La nación por el órgano legítimo de sus representantes ha manifestado de un modo expreso y terminante, que no es su voluntad que se hipoteque, o se enajene su territorio, como puede usted verlo en el decreto en que se me concedieron facultades extraordinarias para defender la independencia y si contrariásemos esta disposición, sublevaríamos al país contra nosotros y daríamos una arma poderosa al enemigo para que se consumara la conquista. Que el enemigo nos venza y nos robe, si tal es nuestro destino; pero nosotros no debemos legalizar ese atentado, entregándole voluntariamente lo que nos exige por la fuerza. Si Francia, Estados Unidos o cualquiera otra nación se apodera de algún punto de nuestro territorio y por nuestra debilidad no podemos arrojarlo de él, dejemos siquiera vivo nuestro derecho para que las generaciones que nos sucedan lo recobren. Malo sería dejarnos desarmar por una fuerza superior pero sería pésimo desarmar a nuestros hijos privándolos de un buen derecho, que más valientes, más patriotas y sufridos que nosotros lo harían valer y sabrían reivindicarlo algún día.

Es tanto más perjudicial la idea de enajenar el territorio en estas circunstancias, cuanto que los estados de Sonora y Sinaloa, que son los más codiciados, hacen hoy esfuerzos heroicos en la defensa nacional, son los más celosos de la integridad de su territorio y prestan al gobierno un apoyo firme y decidido. Ya sea, pues, por esa consideración, ya sea por la prohibición que la ley le impone al gobierno de hipotecar o enajenar el territorio nacional y ya sea en fin porque esa prohibición está enteramente conforme con la opinión que he tenido y sostenido siempre sobre este negocio, repito a usted lo que ya le he dicho en mis cartas de 22 de diciembre último y posteriores, a saber: que sólo debe usted seguir la patriótica conducta que ha observado de no apoyar semejante idea, sino que debe usted contrariarla trabajando por disuadirla a sus autores haciéndoles presente las funestas consecuencias que nos traería su realización.

Celebro que haya usted quedado satisfecho de la opinión que observó en el ejército del general Grant respecto de nuestra causa. Esa opinión y la que ha manifestado mister Seward son una garantía que podemos tener de que el imperio de Maximiliano no sería reconocido por ese gobierno. Es lo único positivo que podemos esperar por ahora de esa república.

No me extiendo a más porque bajo la impresión del profundísimo pesar que destroza mi corazón por la muerte del hijo a quien más amaba, apenas he podido trazar las líneas que anteceden. Digo por la muerte del hijo que más amaba, porque según los términos de la carta de usted que recibí anoche, he comprendido, que sólo por lo funesto de la noticia, no me la ha dado usted de un golpe; pero en realidad mi amado hijo ya no existía, ya no existe. ¿No es verdad? Con toda mi alma deseo equivocarme y sería yo muy feliz si por el próximo correo que espero con verdadera ansiedad se me dijera que mi hijo estaba aliviado. ¡Remota Esperanza que un funesto presentimiento desvanece, diciéndome que ya no hay remedio!

Adiós amigo mío. Sabe usted que lo aprecia su inconsolable y afectísimo.

Benito Juárez

El hombre más rico de México y de toda América Latina desde joven fue un empresario ambicioso, pero su filosofía ha sido muy sencilla. Slim dice que sus empresas trabajan con base en principios básicos y estructuras simples. Así lo explica:

> Buscamos permanentemente que nuestro equipo humano tenga vocación, preparación y un trabajo estimulante que conduzca a la autoestima, que haga de la responsabilidad una satisfacción, más que una obligación, y que contribuya a su desarrollo humano. El grupo trabaja sin staff corporativo, y el de la empresa se localiza siempre en la planta de producción, en la operación y venta, y con mínimos gastos de operación, buscando un personal óptimo, lo mejor preparado y bien remunerado.
>
> Las inversiones se realizan en la planta productiva y en los equipos de distribución y administración, y no en inmuebles u otros corporativos.
>
> Buscamos reducir al mínimo los niveles jerárquicos acercando a los directores a la operación lo más posible, y que trabajen para ésta y no para estructuras corporativas. Tratamos de combinar la actividad ejecutiva con el interés de los accionistas a través de un delegado presidente del consejo, quien trabajan-

do conjuntamente con los directivos, busque constantemente optimizar inversiones, estrategia y gastos. Trabajamos sistemáticamente para mejorar los procesos productivos, optimizando inversiones e instalaciones, aumentando la productividad, mejorando la calidad, reduciendo las mermas y tratando de producir masivamente la mejor calidad al menor costo; su reducción implica sostener o mejorar márgenes, ampliar nuestros mercados, reducir precios y competir internacionalmente.

Orientamos nuestro crecimiento y nuestras inversiones hacia los sectores más dinámicos a mediano y largo plazo, tratamos de mantener flexibilidad y rapidez en las decisiones y, en fin, las ventajas de la empresa pequeña, que son las que hacen grandes a las grandes empresas.

El ambiente propicio en una sociedad le da la estabilidad política y económica; las finanzas públicas sanas, con los presupuestos equilibrados, aplicados a programas económicos y sociales prioritarios; con inversión en infraestructura y gasto social con efectos redistributivos que favorezcan paulatina y consistentemente el bienestar. El ambiente propicio se crea también con la confianza de la sociedad con su país, en su gobierno y en sí misma. Además el gobierno ha de participar organizando a la sociedad y dirigiendo el esfuerzo común. Éstas son —sin duda— condiciones necesarias para el desarrollo nacional.

Por ende, se requiere de una inversión privada nacional y extranjera; se necesita también de un mercado que produzca riqueza, de un gobierno que oriente y fomente el crecimiento, y que gaste e invierta con fines redistributivos, en educación, salud, vivienda un buen porcentaje del producto interno bruto.

En este nuevo mundo de apertura económica y de globalización, iniciada por las transnacionales y la tecnología, y que a veces parece retroceder a bloques económicos y al proteccionismo por la fuerza de los históricos subsidios, que aun los países más desarrollados como Estados Unidos, la Unión Europea y Japón tienen muy arraigados.

Especialmente en el sector agropecuario, la inseguridad individual y social conduce al proteccionismo y al aislamiento, mientras que la lucha por los mercados y la competencia exacerbada, son un sustituto moderno de los instintos bélicos.

Los signos principales de estos tiempos son la competencia, la eficiencia, la productividad, la calidad, el diseño, la tecnología, los altos valores agregados, las grandes empresas industriales y comerciales, la especialización y las ventajas competitivas, las fuertes inversiones en investigación y desarrollo, la educación superior masiva en ciencias y tecnología.

En las épocas de fuerte crecimiento y buenos resultados, en la época de las vacas gordas, frecuentemente se relaja la administración, se exceden las organizaciones, en vez de aprovechar para capitalizar y fortalecer a la empresa, que se deteriora y envejece. En cambio, mantener gastos fijos y austeridad en el crecimiento constituye el desarrollo acelerado de la empresa.

Se debe estar permanentemente atento en la empresa, a su modernización y crecimiento de capacitación, calidad y simplificación. Incrementar productividad y reducir costos y gastos.

Hay que distinguir en la empresa tres vocaciones: al empresario, al ejecutivo y al inversionista. En la empresa familiar de primera generación, la misma persona usualmente desempeña las tres funciones. En las grandes empresas públicas hay grandes inversionistas individuales e institucionales y frecuentemente en países desarrollados se diluye la función empresarial desplazada por la fortaleza de ejecutivos no socios que rinden cuentas trimestrales a los inversionistas institucionales.

En la competencia, las empresas dejan de ser y operar simplemente a la medida del propietario al que satisfacen social y emocionalmente. Llena aparentemente su responsabilidad. Pero en el cambio que se ve obligado a optimizar los recursos de la sociedad evitando su desprecio, lo primero es tener referencias. Como en el deporte, sabemos cuál es el récord mundial, quiénes son los mejores atletas y cuánto tiempo hacen. Debemos tener las referencias de los mejores internamente en el ramo en que se actúe.

Cuál es el mejor equipo, cuánto puede producir por una hora, con qué desperdicio, con cuántos operarios, etcétera. Conocer nuestros mercados y los mercados internacionales es importante, pero también lo es conocer nuestras propias debilidades y fuerzas.

En la empresa la utilidad está en la compra, en el comercio y en los costos. Para la industria, inmersa ahora en un ambiente tan competitivo, el bajar costos es como para el atleta reducir tiempos. En ambos casos se requiere de perseverancia, entrenamiento, organización, y sobre todo vocación y deseos de ganar, superando constantemente marcas, mejorando incansablemente el proceso productivo. Mejorar permanentemente, demanda del trabajo en equipo de operadores, directivos y empresarios para optimizar inversión, producción, calidad y costos. Como en los equipos deportivos, se requieren no sólo directores, sino también mandos medios bien capacitados, con liderazgo y sentido de organización.

La formación de una nueva empresa o una nueva planta debe considerar la localización, el tamaño, la ingeniería del proyecto, el mercado y la estructura corporativa.

Por otra parte, a una mayor eficiencia del mercado debe corresponder a una política económica de recaudación fiscal que tenga fundamentalmente fines redistributivos, estableciendo pisos de bienestar social mínimos crecientes a favor de los menos favorecidos, que habrán de integrarse paulatinamente a la sociedad moderna al tener mejor alimentación, salud, educación, y más oportunidades.

Sólo siendo el país competitivo en el comercio internacional podrán tenerse y retenerse más empleos bien remunerados, crear riquezas con las reglas del mercado y redistribuirla por la vía fiscal entre los más desfavorecidos con un claro sentido de justicia y desarrollo económico y humano.

No mejorar nuestra calidad y productividad, no optimizar nuestras inversiones y escasos recursos, no capitalizarnos aprovechando la reciente apertura a México de los mercados internacionales de capitales, no obtener la producción máxima de nuestra maquinaria y equipo, no tener niveles competitivos de calidad y precio de los bienes no comerciables sería imperdonable, pues ello implica importar más, exportar menos y reducir el aparato productivo. En suma, no consolidar el proceso virtuoso que hemos iniciado y no aprovechar los importantes flujos de capital que sólo continuarán si tenemos éxito, sería un grave error con costos muy altos.

Sólo la calidad, la productividad, la eficiencia y la optimización de nuestros recursos nos pueden permitir competir con éxito en la apertura.

Con éxito, el libre mercado genera más empleo bien remunerado, mejores y más baratos productos y mayor riqueza de la sociedad. Pero sólo la acción gubernamental, por la vía fiscal puede beneficiar a todos los miembros de la sociedad a través de la inversión pública con fines esencialmente redistributivos, pues la economía de libre mercado, por sí sola, no es suficiente para terminar con los rezagos ancestrales.

El empresario tiene la responsabilidad social de optimizar los recursos de la empresa haciéndola cada vez más eficiente, más competitiva, que reinvierta sus utilidades y capacite a su personal que, bien remunerado, motivado y satisfecho de su responsabilidad, haga su mejor esfuerzo.

En pocas palabras, a final de cuentas, el empresario es sólo un administrador temporal de la riqueza social.

Aunque Slim es uno de los cien hombres más influyentes del mundo, se ha definido como una persona sobria para vivir.

"Diría que soy sobrio y mis hijos también. Por gusto, por convicción, no por disciplina", dijo cuando la periodista chilena Margarita Serrano, lo entrevistó en una visita a Santiago para dictar una conferencia junto con su amigo el expresidente español Felipe González, en el Club de Emprendedores.

Frente a los jóvenes Slim también ha hablado de su filosofía de la vida y de los negocios, como lo hizo el 25 de agosto de 1996 ante un grupo de estudiantes universitarios de la ciudad de México a los que dirigió el siguiente mensaje:

Queridos jóvenes estudiantes:

Les escribo esta carta con el fin de transmitirles un poco de mi experiencia de vida, buscando que contribuya a su formación, a su manera de pensar y de vivir, a su equilibrio emocional, a su sentido de responsabilidad para con ustedes y para con los demás, a su madurez y, sobre todo, a su felicidad producto de un ser y quehacer cotidiano.

Son ustedes privilegiados dentro de la sociedad por la razón más importante, su propio valor.

El éxito no es hacer bien o muy bien las cosas y tener el reconocimiento de los demás. No es una opinión exterior, es un estado interior. Es la armonía del alma y de sus emociones, que necesita del amor, la familia, la amistad, la autenticidad, la integridad.

El ser tan destacado como ustedes significa, un privilegio, pero entraña también muchos riesgos que pueden afectar valores muy superiores al "éxito" profesional, económico, social o político. La fortaleza y el equilibrio emocional están en la vida interior, y en evitar aquellos sentimientos que corroen el alma, la envidia, los celos, la soberbia, la lujuria, el egoísmo, la venganza, la avaricia, la pereza y que son venenos que se ingieren poco a poco.

Cuando den, no esperen recibir, "queda aroma en la mano que da rosas", no permitan que sentimientos y opiniones negativas dominen su ánimo. El daño emocional no viene de terceros, se fragua y se desarrolla dentro de nosotros.

No confundan los valores, ni menosprecien sus principios. El camino de la vida es muy largo, pero se transita muy rápido. Vivan el presente intensa y plenamente, que el pasado no sea un lastre y el futuro sea un estímulo. Cada quien forja su destino y puede influir sobre su realidad, pero no la ignoren.

Lo que más vale en la vida no cuesta y cuesta mucho: el amor, la amistad, la naturaleza y lo que sobre ella ha logrado el hombre de formas, colores, sonidos, olores, que percibimos con nuestros sentidos, pero sólo si los tenemos despiertos.

Vivan sin miedos y sin culpas; los miedos son los peores sentimientos del hombre, lo debilitan, inhiben su acción y lo deprimen, y las culpas son un lastre enorme en nuestro pensar, al actuar y en la vida. Hacen difícil el presente y obstruyen el futuro. Para combatirlos seamos sensatos, aceptémonos como somos, nuestras realidades, nuestros gozos y nuestras penas.

La ocupación desplaza a la preocupación y los problemas al enfrentarlos desaparecen, así los problemas deben hacernos más fuertes, de los fracasos aprender y hacer de los éxitos estímulos callados. Actúen siempre como les dicte su conciencia pues a ésta nunca se le engaña, así los miedos y las culpas serán mínimas.

No se encierren, ni arruinen su vida, vívanla con la inteligencia, el alma y los sentidos despiertos y alerta; debemos conocer sus manifestaciones y educarnos para apreciarlas y disfrutarlas.

El trabajo bien hecho no es sólo una responsabilidad con la sociedad, es también una necesidad emocional.

Al final nos vamos sin nada, sólo dejamos nuestras obras, familia, amigos, y quizá la influencia, por las ideas que en ellos hayamos dejado.

Con mis mejores deseos.

Carlos Slim Helú

En 1991 cuando su nombre apareció por primera vez en la lista de los hombres más ricos del mundo, Slim nada tenía que ver con los hombres de *Forbes*. Todavía en 1993 manejaba un Thunderbird 1989 y hasta los últimos años, ya ampliamente reconocido como el hombre más rico de América Latina, seguía manteniendo la sobriedad.

No tiene sastre ni preferencia por los trajes de firma, es informal, trabaja en mangas de camisa, no lleva mancuernillas, no usa joyas ostentosas y viste habitualmente ropa de sus propios negocios como Sears. Es la antítesis de los magnates que posan para las revistas del jet set, y por si eso fuera poco, no tiene avión particular ni helicóptero, incluso personalmente lleva su agenda, porque asegura que él es dueño de su tiempo, su calendario, aduce, "siempre está en blanco".

Para él uno de los mayores placeres en la vida es la conversación con personas inteligentes. Y a diferencia de otros excéntricos millonarios a quienes les gusta practicar el golf o el tenis, ir a bucear al Caribe, pasear en yates, los viajes exóticos por lugares de Oriente, las mujeres, los safaris al África, el alpinismo, la diversión en Las Vegas, los lujosos cruceros, los autos último modelo, Slim prefiere visitar los parques nacionales, pasear por el mar de Cortés. Se inclina más por lugares naturales y las ciudades con construcciones de valor histórico, y las ruinas prehispánicas, aunque también es un apasionado de las nuevas tecnologías, la cultura, el arte y los deportes. Fuma habanos Cohiba pero no es extravagante en sus gustos para comer; su comida favorita es la mexicana. Disfruta los tacos de cochinita, los frijoles refritos, los tacos de canasta, las tortillas hechas a mano, los pambazos, los tamales, el mole, las enchiladas, las salsas, y algunos platillos libaneses como el trigo con garbanzo. Incluso en los últimos años cuando sale de viaje por carretera rumbo Acapulco hace una escala en la caseta de Cuernavaca para consumir las tortas gigantes que venden allí.

Una de sus aficiones es el cine. Sus películas preferidas y que más le han impactado son *El Cid* y *Tiempos modernos*. Sus actores preferidos son María Félix y Sofía Loren, Charles Chaplin, Joaquín Pardavé, Pedro Infante y Marcelo Mastroianni. Con la Doña tuvo una relación muy afectuosa, muy cálida. María Félix tenía un aprecio muy especial por el hijo mayor del magnate, quería mucho a Carlos Slim Domit.

Alguna vez, Slim le dijo a la Doña que le hubiera encantado ser periodista para entrevistarla y preguntarle acerca de la vida, sobre el amor, sobre la amistad. La diva —recuerda— tenía un concepto muy bonito de la felicidad.

Apasionado de la música clásica, también le gustan los boleros, el mambo y el danzón, aunque él se reconoce como perteneciente a la generación del rock and roll.

Uno de sus pequeños lujos es su seguridad personal, la cual fue reforzada luego de que sus datos aparecieron en Nicaragua en una larga lista con los nombres y direcciones de prominentes empresarios secuestrables. Documentación atribuida a Patria Vasca y Libertad (ETA), que tenía en la mira a 150 hombres de negocios latinoamericanos de los que 77 eran mexicanos, y de los cuales algunos fueron plagiados (Fernando Senderos, Juan Bosco Gutiérrez Cortina, Juan Robinson Bours, Alfredo Harp Helú y Ángel Losada Moreno).

Slim contrató como asesor de sus empresas al vicealmirante Wilfrido Robledo Madrid, excomisionado de la Policía Federal Preventiva para hacerse cargo de la seguridad del Grupo Carso.

Como su socio y amigo Bill Gates quien se hizo millonario junto con Paul Allen con quien puso en marcha la empresa Microsoft, que revolucionaría la industria de la computación, Slim también empezó a escalar los peldaños más altos de la riqueza en la década de los ochenta con su habilidad para los negocios.

Desde entonces, Slim con su amplia experiencia en los negocios era considerado ya una autoridad en el mundo del dinero.

Desde su posición de gurú escribió un par de artículos en el periódico *Novedades* el 3 y 4 de octubre de 1988, justamente un año después del crack bursátil del 5 de octubre de 1987 cuando el Índice de Precios y Cotizaciones de la Bolsa Mexicana de Valores subió a más de 26 mil puntos y no lo hizo más porque ni los operadores de las computadoras, ni el personal que apunta manualmente en las pizarras el movimiento de las acciones pudieron hacer frente a un incesante ritmo de transacciones obligando a intervenir a la Comisión Nacional Bancaria y de Valores, bajo el argumento de que la ley faculta la interrupción del remate cuando se presentan fluctuaciones demasiado abruptas a la alza o a la baja.

Los analistas bursátiles argumentaron que el mercado había respondido de esa manera por la confianza que despertó, entre los inversionistas, la postulación de Carlos Salinas de Gortari a la Presidencia de la República, lo cual fue una señal de que estaba garantizada la continuidad en la política económica.

En ese contexto Slim escribió en dos entregas su visión personal de lo que tituló "Cuatro épocas de la economía mexicana" y los subtítulos: "El arranque en 1952 culmina hoy; endeudamiento y déficit exagerado; del auge a la pesadilla: el petróleo".

En el primer artículo publicado por *Novedades* Slim escribió:

En la evolución económica de México, a partir de la posguerra y sus efectos inmediatos, se distinguen tres épocas con características económicas semejantes a lo largo de seis gobiernos diferentes.

La primera época dura veinte años, se inicia en 1952 y termina en 1972. La segunda época, que no llega a los diez años, termina en 1981, al agotarse las fuentes que le dieron vida: el crédito externo, el alto precio del petróleo y el gasto público deficitario. La tercera época, la crisis, toma siete años, de 1982 a la fecha. Actualmente se vislumbra una nueva época que habrá de empezar en los primeros meses de 1989.

Primera época 1952-1972: Durante estos años se logra un desarrollo sustancial manteniendo un presupuesto equilibrado, estabilidad de precios y un moderado endeudamiento externo. La deuda interna es reducida al igual que el déficit, a pesar del importante crecimiento de la población y del gran esfuerzo para proporcionar servicios públicos. El producto interno casi se cuadruplica; el ingreso per cápita se duplica. El ingreso se distribuye a través de un empleo cada vez mejor remunerado, aunque quede lejos de los niveles deseados, y a través del gasto público que favorece a los más necesitados y abarca cada vez a más mexicanos.

La rápida sustitución de importaciones y los ingresos por servicios, principalmente por turismo, atenúan las necesidades de ahorro externo a pesar de la creciente importación de bienes de capital y de insumos cada vez más elaborados. El Estado participa en forma creciente en la actividad económica.

Segunda época 1973-1981: Dura nueve años, se pretende violentar el proceso de desarrollo recurriendo a estrategias poco sanas, como son el excesivo endeudamiento exterior e interno, el exagerado déficit del sector público con el consiguiente desequilibrio de las finanzas públicas y el excesivo crecimiento burocrático. Se reducen las posibilidades de sustituir las importaciones afectando el modelo de desarrollo anterior, hay un cambio fundamental en el sistema financiero y monetario internacional y cambios tecnológicos y patrones de consumo que afectan a las materias primas tradicionales y sus términos de intercambio.

En los primeros años de esta etapa se reduce la participación del sector privado en la actividad económica productiva, se acelera el deterioro de la situación económica del país al manejarse políticas financieras y económicas incompatibles (inflación, pa-

97

ridad, tasas de interés) que provocan no sólo que el ahorro interno se desplace al exterior, sino también que la mayor parte del crédito externo se use para pagar intereses y consumo, y se desperdicie en inversiones improductivas.

Así se desaprovechan los ingresos extraordinarios derivados del petróleo y de 76 mil millones de dólares de crédito externo neto. Casualmente esta etapa se inicia con el descubrimiento de los ricos yacimientos petroleros de Chiapas y Tabasco que entran en producción años después originando "el auge del petrolero" y concluye al desplomarse su precio junto con el crédito externo.

En los últimos cinco años también hay una desbocada inversión privada, financiada sustancialmente con ahorro externo, que pone en riesgo la planta productiva y el empleo, se desquician las finanzas públicas, las cuentas con el exterior, el endeudamiento externo público y privado es excesivo. La inflación queda fuera de control y las reservas del país se agotan.

Sin embargo, al final de esta época el país cuenta con grandes y modernas instalaciones en prácticamente todos los campos de la actividad económica, la mayor parte operadas por mexicanos, en todos los rangos.

Tercera época 1982-1988: El Reto de la Crisis. Habiendo perdido la oportunidad histórica que nos dio "la riqueza petrolera" al tratar de violentar el crecimiento, el actual gobierno presenta desde su inicio los más graves problemas económicos posibles. Creo que no faltó ninguno: inflación de tres dígitos, déficit fiscal de 17.6%, deuda externa de 88 mil millones de dólares, déficit en cuenta corriente: el aparato productivo endeudado y sin liquidez temiendo cierres masivos, sin reservas internacionales y una excesiva dependencia de los ingresos petroleros.

No sabíamos todavía que, además, vendría el sismo de 85, el desplome de los precios del petróleo y el huracán Gilberto.

Para enfrentar tantos problemas fue necesario actuar en varias direcciones al mismo tiempo, algunas de ellas de consecuencias no deseables e impopulares. Así para sanear las cuentas públicas fue necesario incrementar los ingresos subiendo precios y tarifas de servicios públicos, impuestos y reduciendo o eliminando subsidios; se redujeron también la inversión pública y el gasto corriente.

En 1987 se obtiene un superávit primario cercano a 4.5%, nivel que podemos considerar más que sano. Fue necesario llevar este esfuerzo hacia la búsqueda del logro, en 1988, de un superávit primario de aproximadamente 8% del PIB, a pesar de haber perdido fuertes ingresos por la baja del petróleo. Este superávit es un objetivo útil para frenar la inflación que, junto con otras medidas que se han venido concertando periódicamente dentro del Pacto de Solidaridad Económica, y han permitido dominar la inflación.

El éxito del Pacto ha sido más rápido de lo esperado y es ya reconocido por los pesimistas. La inflación del segundo semestre de 1988 anualizada deberá ser menor a 15% anual y es posible que en 1989 ésta llegue a cifras de un dígito anual, especialmente ahora que hemos aprendido a restar: para detener no sólo hay que desacelerar, hay que frenar (aceleración negativa). Los economistas deberían estudiar física.

Para anular la inflación rápidamente no sólo hay que mantener sin cambio ciertas variables, hay que hacer algunas negativas o decrecientes: así se hace posible parar en seco la inflación.

Se reduce la inflación al concertar a cero, pero se anula al bajar ciertas variables. No era posible bajar la inflación gradualmente de tres dígitos a uno, ni se podía atacar a fondo sin tener saneadas las cuentas públicas y sin las reservas suficientes para hacerle frente.

Los problemas de las cuentas con el exterior y sus soluciones han sido: la fuerte dependencia que teníamos de los ingresos petroleros que han sido sustituidos por diversos productos manufacturados, haciendo posible absorber el servicio de la deuda para mantener un ligero superávit en cuenta corriente y el enorme endeudamiento externo de los sectores privado y público. El del sector privado ha sido prácticamente resuelto a través de FICORCA, de la restructuración financiera con capitalizaciones de pasivos de varias grandes empresas y por la negociación de su deuda externa que muchas empresas han hecho adquiriéndolas a su valor de mercado, cercano a 50% de su valor nominal a través de Swaps con deuda externa mexicana.

La empresa privada en la crisis logra eficientarse rápidamente e incrementar productividad y calidad, logrando competir en otros mercados y reducir sus precios internos haciendo frente a la apertura económica.

En el caso de la deuda pública externa también ha habido importantes avances, pues de estar la mayor parte a corto plazo se restructura toda a veinte años y se reduce la tasa de interés.

Este nuevo plazo, la menor tasa y el reconocimiento implícito de los acreedores de que será prioritario el crecimiento sobre el pago, ha hecho que la deuda se cotice a 50% de su valor nominal, lo cual abre las más diversas alternativas para negociar, reducir su deuda principal y su interés, como los bonos cupón cero, los Swaps, la compra de deuda en el mercado; el cambio de deuda por inversión (capital de riesgo) y el reconocimiento del acreedor del valor que realmente le da en el mercado a su papel, todo ello en beneficio del adeudo en una nueva restructuración.

Por otro lado, según informó el presidente, de diciembre de 1982 a la fecha el uso efectivo de recursos crediticios del exterior ha sido negativo en 7 mil 113 millones de dólares. A ello habrá que agregar que los dólares que hoy valen menos que los de 1982 y que se reducirá la deuda en más de 20 mil millones de dólares, a pesar de haber perdido más de 30 mil millones de dólares de ingresos en los últimos tres años por la baja del petróleo (monto que a los precios del mercado actuales prácticamente hubieran podido comprar la deuda).

Estados Unidos se ha convertido ya en el más grande deudor del mundo, su deuda es mayor a los 500 mil millones de dólares y se incrementa en más de 150 mil millones al año, pronto tendrán problemas semejantes a los que tuvimos si no corrigen su déficit fiscal y en cuenta corriente.

En nuestro país todo este esfuerzo sólo se ha logrado con fuertes costos: deterioro del salario real, subempleo, crecimiento de la economía informal, inversión pública diferida, sin embargo, evitamos caer en un cada vez más grave subdesarrollo crónico y, con el cambio estructural, tenemos las bases de un nuevo proyecto nacional de un país más grande y más justo.

La riqueza petrolera fue una oportunidad accidental que acabó en pesadilla, una riqueza efímera que nos dejó atrás de donde estábamos, las bases actuales y las perspectivas inmediatas representan una nueva oportunidad histórica, el único camino firme al desarrollo: el arduo trabajo eficiente y constante, a pasos firmes. No desaprovechemos también esta segunda oportunidad, en menos de diez años nuestros hijos y nuestros nietos no nos lo perdonarán.

En la segunda parte de su análisis publicado en *Novedades*, bajo el título de "Se inicia un camino al futuro", Slim escribió:

Cuarta época 1989-?: Una nueva oportunidad histórica, el cuadro económico es totalmente opuesto al de 1982. La inflación anual es de un dígito, las finanzas públicas están saneadas, tenemos 8% de superávit primario, la planta productiva sana y muy eficiente, exportando en forma notable, con una gran liquidez y una inflación anual esperada de un dígito, la mejor alternativa de producción es la productiva, el sector privado cuenta con la capacidad de inversión y está listo para asumir su responsabilidad.

Tenemos un superávit en cuenta corriente y altas reservas internacionales.

El problema de la deuda externa está resuelto, pero como dije antes, los avances son sustanciales: la solución es a largo plazo, su valor del mercado es de la mitad, los banqueros están dispuestos a muchas cosas a las que no estaban hace seis años, incluso en cambiar en forma importante su deuda por capital de riesgo. En el peor de los casos se podría "aficorcar" la deuda, esto es, pagando solamente el interés real y capitalizando el componente inflacionario, manteniendo la deuda en el mismo nivel de dólares constantes y en el mejor de los casos, que los bancos reconozcan como deuda la que reconoce el mercado: 50%, y, que parte de ésta se cambie en inversiones de larga duración, quedando una deuda externa menor a dos años de exportación, o tres veces las reservas o 20% del PIB, reduciéndose a una tercera parte y reabriéndose los mercados financieros nuevamente.

Algunos piden no pagar la deuda aduciendo que ya pagamos más en intereses, les pregunto si aceptarían ese argumento como ahorradores si el banco les diera esa razón para no devolverles el principal.

Muchos se quejan de que baje el interés nominal, cuando se está pagando en México la tasa de interés real más alta que yo haya visto nunca (más de 3% al mes para septiembre). Por otro lado, hay un rápido cambio en las finanzas mundiales al estarse dando la mayor transferencia de riqueza de la historia a los países del sudeste asiático, principalmente Japón. Se está concentrando riqueza, ahorro, fuerza financiera y comercio en Japón y en los NICS (nuevos países industrializados), países que a pesar de no contar con los recursos naturales salieron muy fortalecidos después del choque petrolero: a base de trabajo, imaginación y eficiencia.

México podrá contar con ahorro externo para su desarrollo, pero debe ampliar e intensificar sus operaciones económicas con más países y bajo nuevas modalidades.

Conviene hacer un plan super macro, con un amplio horizonte de espacio y tiempo en los que se determinen los grandes proyectos nacionales, económicos y sociales con una perspectiva de largo plazo y definiendo las prioridades y origen de los recursos para realizarlos, complementando los del sector público con los del ahorrador nacional y cuando así convenga a los intereses nacionales, con inversión extranjera o conversión de deuda externa en inversión productiva.

La recuperación económica requerirá más trabajo y más eficiencia, sobre todo a nivel directivo y mejores ingresos en reactivación económica, el sector público incrementará su recaudación al reanudarse el crecimiento económico, podrá invertir más reduciendo el superávit primario a niveles del 3% del PIB, y la tasa de interés nominal será radicalmente inferior a la de 1988 reduciendo sustancialmente el déficit fiscal.

La exportación no necesitará aumentos espectaculares como en los últimos años, bastará con que se consolide y continúe creciendo, y junto con el turismo y otros servicios, mantenga nuestra capacidad de importar los bienes de capital e insumos que el crecimiento requiera. La próxima y consistente recuperación del salario real y del empleo, el proceso de inversión, productividad, distribución del ingreso, recuperación económica, recaudación fiscal, será simultáneo y se retroalimentará.

La recuperación del salario real no es sólo por justicia social o razones políticas, es una necesidad económica: el vigor de nuestra recuperación y desarrollo, la razón de nuestro crecimiento y su fin último, es el bienestar emocional y material de la población. El trabajo no es sólo responsabilidad social sino también una necesidad emocional.

FILÁNTROPO Y MECENAS

Poderoso caballero...

Poseedor de una personalidad multifacética Carlos Slim ha deslumbrado a los hombres del poder, lo mismo a presidentes y líderes políticos como el mítico comandante Fidel Castro, que a intelectuales de altos vuelos como Carlos Fuentes y Octavio Paz. A periodistas como Julio Scherer García, del que se hizo socio en Proceso.com S.A. de C.V., filial de la revista *Proceso*. Seductor innato, trabó amistad con viejas leyendas y símbolos del dinero como Carlos Trouyet y Manuel Espinosa Iglesias. Se codea con los Rockefeller y Bill Gates, es amigo de personalidades políticas como Felipe González y ha tendido puentes de amistad con William Clinton y otros como el príncipe Carlos de Inglaterra, y está en la lista de los cien hombres más influyentes del mundo.

Los periodistas más agudos le han dicho de todo: prestanombres de Carlos Salinas —Carlos and Charlie's, les llamaron algunos columnistas—, sobreviviente de la crisis de los ochenta, acaparador, rey Midas, mecenas de intelectuales, comprador de gangas, acaparador de arte, el mejor representante del capitalismo, hombre de paja, beneficiario del salinismo, especulador ambicioso, el Conquistador... esos y otros adjetivos. Pero también ha sido la carta fuerte del gobierno cuando ha sido necesario explicar la crisis en los principales centros financieros o cuando hay que negociar algún crédito para el país.

Coleccionista, filántropo y mecenas, es amigo de políticos de izquierda y derecha, de curas y ateos, promotor de cineastas y amante

105

del llamado rey de los deportes, el beisbol del que es un erudito y del que ha llegado a publicar artículos lo mismo que de economía.

En los ochenta cuando empezó a proyectarse como el gurú en las grandes ligas del mundo de los negocios, Slim atrajo a su círculo a los intelectuales; inició una amistad que se volvió entrañable con el periodista y escritor Fernando Benítez a quien conoció en su casa de bolsa (Inversora Bursátil). El magnate recibió un códice como regalo de un amigo y estaba intrigado por entender su contenido; Benítez le dijo que él podía ayudar a descifrarlo, y ahí comenzó su relación.

Y fue Benítez quien lo presentó con Carlos Fuentes, Héctor Aguilar Camín, Carlos Monsiváis y Carlos Payán, a todos ellos Slim los sedujo como lo hizo también con el premio Nobel de Literatura Octavio Paz, el historiador Enrique Krauze y el cronista Guillermo Tovar y de Teresa.

Carlos Slim fue uno de los contados amigos de Paz, "son muy amigos, se quieren mucho", dijo alguna vez el pintor Juan Soriano, tal vez el mejor amigo del poeta. En diciembre de 1997 a los 83 años de edad el poeta —en silla de ruedas, a causa de su enfermedad— encabezó una austera ceremonia junto con el presidente Ernesto Zedillo para anunciar la creación de la Fundación Cultural Octavio Paz; uno de los primeros en apoyar económicamente a esa institución fue Carlos Slim quien junto con otro grupo de grandes empresarios como Emilio Azcárraga Jean, Alfonso Romo, Manuel Arango, Antonio Ariza, Bernardo Quintana, Fernando Senderos y Carlos González Zalabagui, entre otros, se dieron cita en la Casa de Alvarado, en la calle Francisco Sosa de Coyoacán.

Allí, el poeta agradeció el apoyo de los filántropos al hablar de la fundación que lleva su nombre:

> Yo quiero que esta fundación permanezca, no porque sea legado, tengo poco que legar, sino porque ustedes colaboraron en la fundación de esta idea generosa. Es tiempo ahora de dirigirse a los jóvenes, aquéllos en cuyas manos está la verdad de México. Esa verdad, alternativamente cruel y luminosa, esa verdad que puede llevarnos a la oscuridad o a la luz.

El final del mensaje del maestro fue conmovedor:

No sé cuánto tiempo tenga libre, pero sé que ahí hay nubes y que en esas nubes hay muchas cosas, hay sol, también. Las nubes están cerca del sol. Nubes y sol son palabras hermanas. Seamos dignos de las nubes del valle de México, seamos dignos del sol del valle de México. Valle de México, esa palabra me iluminó la infancia, esa palabra ilumina mi madurez y mi vejez.

Cuando alguien le preguntó al escritor Carlos Fuentes por qué Slim busca la compañía de los intelectuales, el autor de la célebre novela *La región más transparente*, respondió que no, que Slim "no nos busca, nosotros nos enriquecemos de su frescura y espontaneidad".

Fernando Benítez contaba una anécdota sobre la sencillez de su amigo, con quien alguna vez recorrió la ruta maya en el sureste de México y ambos tuvieron que improvisar en Yaxchilán unas tiendas de campaña para dormir en el suelo.

Benítez escribió en 1996 un artículo en el periódico *La Jornada* con el título de "Carlos Slim" donde exalta las bondades del archimillonario.

Escribió Benítez:

Hace más de doce años conocí a Slim, y desde entonces he sido su amigo. A los pocos meses Carlos, con el mayor tacto, nos dio una suma importante a mí, a Guillermo Tovar y de Teresa y a José Iturriaga. Carlos sabía que éramos maestros investigadores de nuestra historia, tarea siempre muy mal recompensada, y nos ayudó en nuestra labor.

Carlos entonces era un notable empresario y un aficionado al arte. Hicimos un viaje inolvidable a las ruinas de Palenque, de Yucatán, Yaxchilán y el palacio pintado por los lacandones. Pasamos momentos muy hermosos.

Carlos compró con otros socios el viejo club de golf de Cuernavaca, que estaba a punto de ser lotificado y es el único espacio verde de esta ciudad. Me admiró el cuidado de sus árboles, sobre todo de un ahuehuete que estaba a punto de desaparecer, pero él cavó una pequeña laguna para salvarlo. Me decía: "Si en Chapultepec hicieran lo mismo los maravillosos ahuehuetes no morirían".

A mediodía comíamos en las mesas adornadas con primor por su mujer Sumy. En las noche platicábamos en el salón del club, donde el general Calles jugaba póker, y una vez que leíamos la revista *Forbes* vimos que Carlos figuraba con dos o tres mil millones de dólares. Yo grité: ¡Nunca pensé ser amigo de un hombre tan rico!

El domingo pasado vi con sorpresa que Carlos había concedido una entrevista a la revista *Proceso*. El reportero Carlos Acosta Córdova es muy sagaz e implacable. En la portada aparecen Carlos y una cabeza que dice:

—"¿Salinas es su socio?

—No tengo socios políticos... no me hacen falta (contesta Slim)".

La ciudad está llena de rumores y no de certidumbres. Se rumora que Carlos Slim hizo su fortuna en tiempos de Salinas; se rumora sobre Colosio, Ruiz Massieu, Muñoz Rocha; sobre el procurador Lozano Gracia y el momento trágico que vivimos. El rumor es muy antiguo y a veces peligroso. En los cafés se habla siempre del *tapado*, de quién sería el próximo presidente o el *destapado*.

Casi nadie sabe que Carlos nació rico. Su padre tenía un próspero negocio cercano a Palacio Nacional, y en ocasiones compraba viejos caserones coloniales que valían más por su terreno que por su arquitectura. Carlos estudió la carrera de ingeniería y con su herencia construyó un edificio de varios pisos donde él vivió en un departamento con su mujer y sus hijos. Extraordinario financiero, empezó a comprar varias fábricas y negocios que él hizo prosperar.

Algunos mexicanos critican sin conocer el sistema de Teléfonos de México. La modernización de la empresa exigía el cese de muchos empleados y Carlos no despidió a nadie, sino los ejercitó con el fin de enseñarles los nuevos sistemas que debían implantarse. No teme a la competencia. Están ya aquí las dos empresas de larga distancia más importantes del mundo: ATT y MCI, esta última se fusionó con la inglesa British Telecom. Operarán en las grandes ciudades, pero no se ocuparán de las aldeas y pueblos de México. En cambió Telmex ha llevado la telefonía a 22 mil poblados de México.

Carlos reprochó a *Proceso* el haberlo atacado, el reportero dijo que había recogido opiniones de diversas fuentes, incluyendo a Cuauhtémoc Cárdenas. Carlos dijo que por ignorancia o por mala fe lo injuriaban.

Yo, que no sé mucho de economía, reproduzco algunos de los conceptos que dijo Carlos en su entrevista con *Proceso*:

"[...] es curioso que seis años después de la privatización de Telmex, cuando se está iniciando la competencia, se recrudezcan las críticas contra mí, y principalmente contra Teléfonos de México".

Al negar que haya sido un empresario improvisado señaló: "El Grupo Carso se inicia en 1965; en 1976 ya teníamos Galas, que en los veinte años anteriores fue una empresa de publicidad muy importante en el país. Desde 1981 tenemos Cigarrera La Tabacalera Mexicana (CIGATAM), que sin duda es muy importante: produce los cigarros Marlboro, Delicados, Faros, Benson, Baronet, Commander. Un negocio francamente grande.

"Luego en 1984 le compramos a don Manuel Espinosa Iglesias uno de sus paquetes de los activos bancarios, que incluía el ciento por ciento de los Seguros de México, que valía 55 millones de dólares. Dólares de 1984. Entonces, está raro que un desconocido pueda hacer una compra de 55 millones de dólares, ¿o no?

"[...] nosotros no tenemos socios políticos. En el Grupo Carso no tuvimos, no tenemos y no tendremos socios políticos. Eso está claro y es de siempre [...]

"Mi relación con él [Carlos Salinas de Gortari] fue cordial, afectuosa y respetuosa, como secretario y como presidente, pero de favores [...] no hubo uno solo. Le pongo un caso: a finales de los sesenta, principios de los setenta, compré unos terrenos en las faldas del Xitle; en el gobierno de Salinas me los expropiaron y a la fecha no me los han acabado de pagar. No creo que eso sea mucho favor. No hay nada de eso, nunca tuve favores, y en los negocios en los que estamos no se necesitan favores.

"[...] Yo creo que el empresario debe trabajar en sus empresas y ser ajeno a proyectos y planes o inquietudes políticas. Yo no pertenezco a ningún partido político ni pienso pertenecer.

"[...] De lo que es la imagen personal o del Grupo Carso no puedo estarme preocupando u ocupando de ello cada vez que se critica. El caso de Telmex es importante por el momento en que se vive, debo competir con las grandes trasnacionales. Con falsedades se busca el desprestigio de Telmex para facilitar la entrada a las trasnacionales.

"[...] En la riqueza misma, lo importante no es cuánto se tiene, qué se tiene, sino qué se hace con ella".

A Carlos no le importa la riqueza sino cómo debe emplearse. Le disgusta hablar de lo que hace por los enfermos pobres con un grupo de médicos; de las 12 mil becas que otorga a estudiantes universitarios, 5 mil de ellas consisten en un salario mínimo mensual y una computadora con acceso a Internet. Entre otras muchas obras de beneficiencia, Slim brinda fondos y finanzas para quienes están presos —por pobres, no por delincuentes— y no pueden pagar su salida de los reclusorios. Asimismo ayuda a instituciones de salud, lo mismo que para investigación que para cuidados perinatales; fomenta programas de alimentación para madres de bajos recursos; apoya la capacitación de médicos, los museos y la producción de libros. Todo esto piensa seguir financiando con cerca de 120 millones de pesos anuales.

Termino con la última pregunta del reportero y la respuesta de Carlos:

"¿Qué subyace en todo esto que parece generoso? ¿Algún pendiente en la conciencia? Porque tranquilamente podría no hacer toda esa labor social.

"No hay nada de eso. Hay un convencimiento total, absoluto, sin ninguna duda. Estoy convencido de que hay que hacerlo, de que me gusta hacerlo y de que lo quiero hacer. Además, yo creo que te vas sin nada, no te llevas nada de nada. Entonces, de alguna forma eres el administrador temporal, porque no te llevas nada. Puedes tener caprichos, cometer errores, tonterías, pero al final de cuentas ¿qué?. Entonces yo creo que hay que hacer las cosas en la vida".

∿

En México algunos archimillonarios también invierten en la pobreza. Ante la creciente polarización social los super ricos han enfocado algunas de sus actividades a los que menos tienen, incluso a principios de los noventa crearon el Centro Mexicano para la Filantropía. La Universidad Iberoamericana, que también recibe fondos de los magnates creó la cátedra de filantropía orientada a los investigadores y promotores que se quieran dedicar a esa materia. Otras instituciones como el Fondo para la Asistencia, Promoción y Desarrollo I.A.P. (FAPRODE), crearon el proyecto MIRA con el objetivo de articular una cultura filantrópica entre amplios sectores de la sociedad mexicana.

La fundación para el combate a la pobreza Vamos México, creada a iniciativa de la esposa del presidente Vicente Fox, Marta Sahagún invitó a Carlos Slim a sumarse como socio honorario junto con otros empresarios, entre ellos Roberto González Barrera, Fernando Senderos, Roberto Hernández, Alfredo Harp Helú, Ricardo Salinas Pliego, Emilio Azcárraga Jean, Lorenzo Zambrano, Manuel Arango Arias y María Asunción Aramburuzavala.

Slim es uno de los que más millones de pesos invierte anualmente en actividades filantrópicas.

Es benefactor de la Universidad Nacional Autónoma de México, a cuya junta de gobierno pertenece al igual que varios de los barones del dinero, entre ellos Gilberto Borja Navarrete y Bernardo Quintana Issac, entre otros.

Cuando Francisco Barnés de Castro era rector de la máxima casa de estudios hizo un reconocimiento público a Slim por su apoyo a la Fundación UNAM, a la que ha otorgado becas por un monto de 40 millones de pesos. "Ojalá hubiera más Carlos Slims que otorgaran donativos generosos para apoyar económicamente a los estudiantes", explicó el funcionario.

A las universidades que integran la Corporación Universitaria para el Desarrollo de Internet, A.C. (CUDI), Slim mediante Teléfonos de México y otras firmas de telecomunicaciones y tecnología como Nortel Networks, Marconi Communications y Cabletron Systems donaron una red de alta velocidad con valor de 11 millones de dólares para impulsar la educación superior en el país.

Slim también donó computadoras al remodelado Museo Tecnológico de la Comisión Federal de Electricidad en beneficio de los estudiantes de las escuelas públicas que acuden diariamente para aprovechar la sala de Internet.

Con el apoyo de sus empresas el magnate del Grupo Carso entrega miles de becas a estudiantes. Por ejemplo, a través de la Fundación Telmex se proyectaron para el año 2002 un total de 40 mil, aunque como ya habíamos dicho a un importante número de becarios les otorga un salario mínimo durante un año, una computadora y acceso gratis a Internet; además, para capacitar a los empleados de Telmex creó el Instituto Tecnológico de Teléfonos de México (Inttelmex).

Desde que Slim adquirió Teléfonos de México, su esposa Soumaya Domit junto con el sindicato de la empresa creó la Fundación Telmex, entre cuyas actividades sociales ha brindado apoyo a damnificados por desastres naturales, asistencia a estudiantes de escasos recursos de todo el país, apoyo médico a comunidades indígenas de la Sierra Tarahumara y asistencia a enfermos con padecimientos renales. Incluso con el apoyo de un conjunto de médicos notables crearon en México un banco de órganos. Su hijo Marco Antonio Slim Domit preside el Patronato del Consejo Nacional de Trasplantes (CONATRA) que cuenta con una página web y una línea telefónica sin costo, denominada Trasplantel, que permiten el acceso a todo el público que requiera información sobre trasplantes. El consejo de esa institución está integrado también por los jóvenes empresarios Olegario Vázquez Aldir, Alejandro Soberón Kuri, Miguel Alemán Magnani, Emilio Azcárraga Jean y Lili Domit.

Carlos Slim Domit también es miembro del patronato del Instituto Nacional de Ciencias Médicas y Nutrición Salvador Zubirán, del que también su madre, Soumaya, formó parte.

En su colecta nacional la Cruz Roja Mexicana ha sido una de

las beneficiarias de la Fundación Telmex a la que se le otorga el apoyo de una campaña de publicidad en los medios masivos de información y la entrega de 500 mil dólares, así como ambulancias para las zonas más pobres y desprotegidas.

También desempeña un papel fundamental en la filantropía la fundación Carso, A.C., que fue creada por Slim en junio de 1986, bajo la denominación de Asociación Inbursa, A.C., cuyos objetivos son los siguientes:

- Sus actividades principales son: iniciar, promover, fomentar, patrocinar, subvencionar, o fundar y sostener, bibliotecas, hemerotecas, museos y exposiciones; organizar conferencias y congresos; apoyar a hospitales y orfanatos, así como ayudar a personas necesitadas. Está facultada para dar y recibir donativos, que desde 1989 son deducibles de impuestos para quien los otorga. Con el fin de incrementar su capacidad de apoyo la asociación invierte en títulos mexicanos el excedente de sus recursos financieros.
- De manera irrevocable los ingresos por donativos, así como el producto generado por sus inversiones, debe y ha sido destinado a fines sociales, culturales y de beneficencia.

Entre sus mejores logros destaca la creación, en 1994, del Museo Soumaya. A partir de su fundación un gran número de proyectos culturales y sociales se han beneficiado del apoyo financiero de Carso, A.C.; entre ellos cabe mencionar a la Cruz Roja Mexicana, la Asociación Mexicana de Ayuda a Niños con Cáncer I.A.P, la Asociación Amigos de la Catedral Metropolitana de México, A.C.; la Academia de Música del Palacio de Minería, la Fundación Mexicana para la Salud; el Centro Mexicano de Escritores, A.C.; la Fundación UNAM, S.C., y el Hospital Infantil de México Federico Gómez.

A la señora Soumaya le fue otorgado el Premio de Filantropía por su labor social con los grupos marginados, en 1998, un año antes de morir.

Mario Cobo Trujillo, director del Programa de Justicia de la Fundación Telmex ha intercedido para la liberación de indígenas encarcelados injustamente, como ocurrió con sesenta zapatistas presos en Chiapas acusados de varios delitos.

Este programa lo opera la Fundación Telmex en colaboración con la Fundación Mexicana de Reintegración Social y el respaldo de Fianzas Guardiana Inbursa.

El propósito fundamental de este programa es apoyar a personas de escasos recursos que, acusadas de haber cometido un ilícito, se encuentran privadas de su libertad en los distintos centros penitenciarios del país, y que aun teniendo derecho a su libertad, ya sea mediante el pago de la fianza o garantizando la reparación del daño, no pueden acceder a ella por no contar con los recursos necesarios.

En este programa la Fundación Telmex trabaja en colaboración con la Oficina para el Desarrollo de los Pueblos Indígenas de la Presidencia de la República.

Slim también participa en Fondo Chiapas junto con otros nueve grupos empresariales del país para impulsar la reactivación económica y contribuir a la reconciliación en ese estado, pues desde la percepción del magnate "no hay mejor inversión que combatir la pobreza".

Desde su óptica muy personal Slim enfoca así el problema de la marginación:

No cabe duda que además de una connotación moral o ética de tratar de eliminar la pobreza, también existe un sentido económico fundamental que todos debemos tomar en cuenta. No hay mejor lucha que la que realicemos contra la pobreza; es la mejor inversión que puede efectuar una sociedad (o inclusive sociedades vecinas), porque eliminarla es fortalecer mercados, desarrollar la demanda interna, mejorara el nivel de vida. Es lo que yo señalaba de Europa, donde los países más rezagados tienen el apoyo de los más adelantados para irlos incorporando. En el momento que en México podamos resolver más o menos rápido este problema, nuestro crecimiento se retroalimenta. Y, obviamente, tenemos que empezar por la nutrición de la madre en el embarazo, la atención de los niños al nacer, la alimentación del niño los primeros años (cuando el cerebro crece cuatro veces), la salud infantil y la educación. Son los elementos fundamentales. Cuando se habla de esta nueva civilización, en la que es mucho más fácil crear riqueza, es paradójico que haya más pobreza. No cabe duda que una de las necesidades de cualquier país es incorporar a su población a la economía, a la modernidad. La pobreza es un lastre social, político y económico. Cuando hablo de atender la economía interna, también me refiero a eso.

Era diciembre, el mes de las fiestas y Carlos Salinas de Gortari había tomado posesión como presidente de la República en medio de impugnaciones que lo retrataban como un "impostor". Fue el segundo presidente más joven en la historia de México, únicamente después del general Lázaro Cárdenas, quien llegó a la primera magistratura del país a los 39 años de edad. Salinas llegó al poder mediante un presunto fraude electoral de proporciones descomunales.

A la toma de posesión de Salinas acudieron, por primera vez, representantes del clero. Entre las personalidades internacionales el comandante Fidel Castro aprovechó su estancia en la ciudad de México para sostener una reunión con los barones del dinero. El encuentro se dio en las Lomas de Chapultepec en una cena que se prolongó hasta la madrugada. El anfitrión Enrique Madero Bracho, presidente del Consejo Empresarial Mexicano para Asuntos Internacionales invitó a un selecto grupo de hombres de negocios. Allí estaba Carlos Slim Helú, quien atrajo la atención del líder de la revolución cubana. Entre los brindis, Madero Bracho no se contuvo y con emoción colmó de halagos a su invitado especial. Le dijo:

—Comandante, si usted estuviera en México, sería un gran empresario. Tiene usted talento para serlo.

—Bueno, chico, soy empresario, pero de Estado —replicó Fidel.

Slim, quien era ya toda una celebridad, abordó el tema de la deuda externa y acaparó la atención del comandante.

Castro escuchó sin parpadeos a Slim, quien lo sedujo con su charla. El magnate abordó la necesidad que en ese momento México tenía para conservar su crédito en el exterior y apoyar la modernización del país. Fidel interrumpió a su interlocutor de manera contundente: "No paguen la deuda, es impagable e incobrable". El argumento del cubano era que el país había cubierto en demasía los intereses, los que a su juicio eran un tributo al imperio yanqui y que no había ninguna justificación para seguir abonando al capital.

Uno de los comentarios de Slim era que México, para resolver en buena parte su endeudamiento, había incursionado en una nueva estrategia: intercambiar deuda externa por acciones de empresas mexicanas. Mediante ese sistema, se estaba comprando deuda barata, pues en el mercado internacional estaba a la mitad de su valor. Puso como ejemplos, los casos de algunos países centroamericanos que habían pagado sus adeudos a México a través de los Swaps.

Esa modalidad le pareció razonable a Fidel quien secundó a Slim al aceptar que varios gobiernos ya estaban siguiendo esa estrategia.

De modo parecido, Slim ha seducido a representantes de la izquierda light como Rolando Cordera Campos y Porfirio Muñoz Ledo. Otros conspicuos intelectuales también han sucumbido a la seducción del magnate. Muchos de ellos se han confundido con las elites del poder y el dinero en las fiestas de los Slim, como ocurrió en la boda de su hija Soumaya Slim Domit a la que asistieron lo mismo el expresidente español Felipe González que el general Enrique Cervantes Aguirre, Miguel de la Madrid y su señora Paloma Cordero, Liébano Sáenz, Epigmenio Ibarra y su señora Verónica Velasco, David Ibarra Muñoz, Héctor Aguilar Camín y su señora Ángeles Mastretta, Carlos Monsiváis, Iván Restrepo, Carlos Payán Velver, Rolando Cordera, Emilio Azcárraga Jean, Jesús Silva Herzog, Santiago Creel, Rafael Tovar y de Teresa, Ricardo Rocha, Germán Dehesa, Gerardo Estrada, Luis Yáñez y Adriana Salinas, Antonio del Valle Ruiz, Lorenzo Zambrano, Juan Antonio Pérez Simón, Fernando Lerdo de Tejada y su señora Marinela Servijte, Tania Libertad, Fernando Solana, Porfirio Muñoz Ledo, Juan Soriano, Manuel Felguérez, María Félix y Cecilia Occelli.

Cuando Carlos Slim adquirió Teléfonos de México, el ingeniero Cuauhtémoc Cárdenas Solórzano impugnó la operación y con él Porfirio Muñoz Ledo. El PRD presentó incluso una demanda ante la Procuraduría General de la República por ese hecho. Cárdenas había dicho que jamás en su vida había tratado con Slim y que por lo tanto no podía hablarse de rencillas personales. Pero las diferencias con el magnate se han diluido y recientemente el jefe de gobierno de la ciudad de México Andrés Manuel López Obrador, compañero de partido de Cárdenas, invitó a Carlos Slim y a Emilio Azcárraga Jean a participar en los proyectos económicos de la capital del país.

Los planes del gobierno del Distrito Federal consisten en la creación de parques industriales, la restauración del corredor Reforma-Alameda-Centro Histórico y el Catedral-Basílica, la ampliación de la red de transportes y el fomento a mercados ambientales emergentes mediante una inversión multimillonaria.

El arquitecto italiano Francesco Bandarín responsable técnico en la Campaña Internacional para la Conservación de Viena, asegura que el Centro Histórico, catalogado como Patrimonio Cultural de la Humanidad por la UNESCO en 1987, sufre una severa degradación, por lo que se requiere "una política global de conservación".

A iniciativa de López Obrador se creó un consejo consultivo para el rescate del Centro Histórico y Carlos Slim fue designado coordinador del Comité Ejecutivo en el que participan el cardenal Norberto Rivera, el periodista Jacobo Zabludovsky y el historiador Guillermo Tovar y de Teresa. Según el jefe de Gobierno, la presencia de Slim en el comité es importante porque de esta manera está garantizada la participación de otros empresarios en el sector hotelero y otros que quieran invertir en estacionamientos o en proyectos de vivienda. Serán los desarrolladores inmobiliarios los que deberán tener una presencia más activa en la revitalización del Centro Histórico, pues sólo así la gente regresará a poblar la zona que por años ha sufrido un proceso de despoblamiento. Para López Obrador no hay nadie con más influencia que el magnate de Telmex para promover la regeneración de esa zona.

En la edición del 4 de abril del 2002 el Diario Oficial publicó el otorgamiento de estímulos fiscales y facilidades administrativas para aquellos que estuvieran dispuestos a invertir en el rescate del Centro Histórico en la zona "B", como lo había anunciado el presidente Fox durante una gira de trabajo por el Distrito Federal donde acompañó al jefe de Gobierno, Andrés Manuel López Obrador.

La resolución para la zona "A" se había realizado en octubre de 2001. En cuanto a la zona "B", ésta tiene sus límites en las calles de La Merced, Abraham González, Reforma, Zaragoza, Ferrocarril de Cintura, Herreros, Ánfora, Labradores y Doctor Liceaga, por citar algunas.

De acuerdo con datos proporcionados por el fideicomiso para el rescate del Centro Histórico, la zona "A" considera las avenidas Lázaro Cárdenas, Izazaga, Juárez, Hidalgo, al igual que las calles Perú, Chile, Paraguay, entre otras.

El gran reto del fideicomiso sería construir —máximo antes del 31 de diciembre del 2002— el primer núcleo urbano compuesto por 31 manzanas que comprenderían del Eje Central a 5 de Febrero y de Donceles a Venustiano Carranza mediante una inversión de 500 millones de pesos que serían desglosados de la siguiente manera: 100 millones en seguridad pública, 25 millones en reacomodo de ambulantes y 375 millones en obra pública.

El propósito de este proyecto sería reordenar las actividades económicas y sociales del Centro Histórico que cuenta con 668 manzanas, procurando también la restauración y reconstrucción de inmuebles acorde con la importancia histórica, arquitectónica, monumental y urbanística de la zona. El decreto emitido por el Ejecutivo Federal establece los siguientes estímulos, para propiedades que se encuentren dentro de las zonas "A" y "B" del propio Centro:

- Las inversiones en bienes inmuebles podrán deducirse en forma inmediata y hasta por el 100 por ciento.
- Las inversiones en reparaciones y adaptaciones de inmuebles que impliquen adiciones o mejoras al activo fijo gozarán de este mismo beneficio, cuando aumenten la productividad, la vida

útil o permitan al inmueble un uso diferente al que original-
mente se le venía dando.

- Se otorgan facilidades administrativas en la enajenación de bienes inmuebles cuando sean enajenados para su rehabilitación
o restauración, consistentes en que el enajenante podrá considerar como costo comprobado actualizado de adquisición
cuando menos el 40 por ciento del monto de la enajenación.
- Se otorga un estímulo fiscal en el impuesto al activo a los con-
tribuyentes obligados a su pago, respecto de los inmuebles
de su propiedad que estén rehabilitándose o restaurándose.

Juan Antonio Pérez Simón, colaborador y uno de los amigos más cercanos a Carlos Slim exalta las cualidades del filántropo y mecenas:

Siempre es importante saber hasta dónde están tus límites de
ayuda, porque uno puede tener una fundación y decir sí a
todo, creo que en eso Carlos lo ha hecho muy bien, porque hay
muchas fundaciones que hacen actos de caridad, llega una
cola interminable y al terminar no solucionaste nada. Carlos lo
ha hecho de una forma muy organizada, como él siempre hace
sus cosas. Porque su preocupación más importante siempre ha
sido la problemática social.

Ha sido un hombre de trabajo constante y es genial, pero su
constancia es la fórmula de su éxito. Otra de sus virtudes es la
honestidad, algo que no es fácil de encontrar. Es un hombre
honesto, dedicado a una mística empresarial a la cual le dedica
todo su tiempo.

Para él honestidad es congruencia, es más allá de lo que per-
cibes, es transparencia.

Además, es un gran estudioso, busca, aprende y roba todos
los conocimientos de donde sea, Carlos no va a emitir un juicio
de valor, si no ha profundizado hasta la raíz sobre el tema, así
tenga que entrevistarse con cincuenta gentes o leer doscientos
mil libros, eso nunca le ha sido un impedimento.

Una de las facetas poco conocidas de Slim es su afición por los deportes, en especial el beisbol; eso no quita que apoye la publicidad de sus empresas a los equipos profesionales del futbol de la primera división; también es benefactor del equipo Cóndores de futbol americano al que ha otorgado donaciones en especie y económicas mediante el Patronato Cóndores UNAM A.C.

Sin embargo, el beisbol es la mayor pasión de Slim. Cuando el jonronero McGwire estableció un récord de batazos cuadrangulares, el magnate escribió un artículo en la revista *Letras Libres,* que dirige su amigo el historiador Enrique Krauze, donde hizo gala de sus conocimientos al poner especial énfasis en las estadísticas del diamante.

Slim escribió:

> El beisbol, cuyos adeptos parecen despertar en México luego de largas temporadas de tribunas semivacías, es un deporte espectacular que en mucho depende de las facultades físicas y de la destreza técnica de sus practicantes, pero también —no en último lugar— del despliegue de su inteligencia. De ahí que los mejores partidos sean los conocidos como "duelos de pitcheo", juegos cerrados, de muy escasas anotaciones, que suelen ser decididos por el buen fildeo o por el homerun solitario.
>
> En el beisbol —como en ningún otro deporte de conjunto— los números hablan, se activa la memoria, se forjan las leyendas. Lamentablemente es imposible reconstruir, en este sentido, las estadísticas de las Ligas Negras norteamericanas, existentes mientras en las Ligas Mayores se mantuvo absurdamente la "barrera del color" (traspuesta en 1947 por el segunda base de los Dodgers de Brooklyn, Jackie Robinson).
>
> Aquellas ligas —de las que la mexicana pudo sacar provecho, importando a sobresalientes figuras, en tiempos del empresario Jorge Pasquel—, junto a la cubana, contaron en sus equipos con jugadores de leyenda. La memoria trae, desordenadamente, los nombres de Josh Gibson, Martín Dihigo, Roberto Ortiz, Ray Mamerto Dandridge, James Cool Papa Bell, Leon Day, Theolic

Smith, Burnis Wright, Cristóbal Torriente, Silvio García, Ramón Bragaña, Luis Olmo. ¿Qué aficionado que haya sabido de ellos podría sustraerse a la seducción de su leyenda?

A la República Dominicana, al comenzar la Gran Depresión norteamericana, el dictador Trujillo llevó grandes jugadores de las Ligas Negras, provocando en éstas caos y suscitando en su país una mayor afición y el enriquecimiento de una tradición cuyos frutos se disfrutan hoy en las Ligas Mayores.

Los números hablan: dan cuenta de las dilatadas hazañas de lanzadores como Nolan Ryan, que actuó durante 27 temporadas, o como la del pitcher negro Satchel Page, que llegó a las grandes ligas a sus 42 años para ganar seis juegos y perder uno en su primera temporada, y que dejaría los diamantes siendo casi un sexagenario. Entre los pitchers hay un grupo que puede ser considerado como el de los cinco grandes, integrado por el propio Page, Christy Mathewson, Walter Johnson, Grover Alexander y Cy Young. Luego de ellos han llegado a la cima desde el breve montículo personajes de ayer y hoy, que la memoria nos devuelve felizmente.

Cito en desorden cronológico: Whitey Ford, Lefty Grove, Vic Raschi, Sandy Koufax, Sal Maglie, Warren Spahn, Nolan Ryan, Ed Walsh, Three Fingers Brown, Adie Joss, Steve Carlton, Gaylord Perry, Tom Seaver, Allie Reynolds, Bob Lemon, Bob Gibson, Bob Feller, Don Drysdale, Early Wynn, Sam McDowell, y los salvadores, algunos todavía activos: John Franco, Dennis Eckersley, Randy Myers, Jeff Reardon, Rollie Fingers, Jeff Montgomery, Doug Jones, Rich Aguilera, hombres que llegan al rescate cuando la pelota está caliente, participan en más de mil juegos, en promedio lanzan menos de dos entradas por aparición y son ganadores o perdedores de un partido menos del 25% de las ocasiones. Los cerradores son pitchers de buen control, nervios muy templados, muy buenos ponchadores. Entre los abridores en activo no podrá olvidarse a Roger Clemens (que ha ganado cinco veces el premio Cy Young al mejor lanzador), a Greg Maddux, al dominicano Pedro Martínez (la nueva gran figura), Tom Glavine, Dave Cone y, ya de salida, Orel Hershiser y Dwight Gooden. En el pitcheo existen

121

marcas que parecen insuperables: las 7,355 entradas tiradas por Cy Young, las 511 victorias alcanzadas por este héroe de las escuadras de Cleveland y Boston, las carreras limpias admitidas por Ed Walsh (1.81), el porcentaje de ganados y perdidos de Ford (.690), el número de ponchados por Ryan (5,714), el ritmo de ponchados de Randy Johnson (once por nueve entradas), el número de victorias de Jack Chesbro (41, obtenidas en 1904), los ponchados por juego de Sandy Koufax durante su carrera tan corta como brillante con los Dodgers (un promedio de 9.28, sólo inferior a los 9.55 de Ryan y desde luego a los 10.60 que mantiene el zurdo Randy Johnson ahora con los Diamantes de Arizona). Los números hablan y los mitos florecen también entre bateadores. Para mí, los cinco mejores del siglo han sido Babe Ruth (del que dicen que construyó el Yankee Stadium, al tiempo que consolidó la magia de este deporte), Ty Cobb, Roger Hornsby, Ted Williams y Lou Gehrig, sin olvidar a Honus Wagner, Eddie Collins, Joe Jackson, Ed Delahantay, Tris Speaker, Billy Hamilton, Willie Keeler, Nap Lajoie, Al Simmons, Stan Musial, Joe Dimaggio, Mickey Mantle, Jimmie Foxx, Mel Ott, Hank Greenberg, Ralph Kiner, Jackie Robinson, Willie Mays, Frank Robinson, Harmon Killebrew, George Sisler, Harry Heilman, Roberto Clemente, Pete Rose y, entre los activos, Tony Gwyn, Wade Boggs, Cal Ripken Jr., Rickey Henderson, Ken Griffey Jr., Marck McGwire, Sammy Sosa, Barry Bonds, Larry Walker, Frank Thomas, Albert Belle, Juan González, José Canseco...

Los números hablan: los 714 homeruns de Babe Ruth fueron conectados en muchas menos veces al bat que los 755 de Hank Aaron, y la frecuencia de sus grandes batazos no ha sido alcanzada.

McGwire, por su parte, tiene cinco temporadas con cincuenta o más homeruns. Sólo diez bateadores retirados han superado esa barrera: Ruth (60, en 1927), Roger Maris (61, en 1961), Foxx (58, en 1932), Greenberg (58, en 1938), Mantle (54, en 1961), Wilson (56, en 1930), Kiner (54, en 1949), Mays (52, en 1965), George Foster (52, en 1977), Mize (51, en 1947); entre los activos lo han hecho McGwire (que llegó a setenta la temporada pasada), Sosa (66, en 1998), Griffey Jr. (56, en 1997 y 1998), Cecil Fielder (51, en 1990), Greg Vaughn (50 en 1998), Albert Belle (50, en 1995).

Jugando con los números llegamos a resultados asombrosos: si McGwire jugara 22 temporadas superaría los ochocientos cuadrangulares. Griffey, con menos turnos, podrá superar, con el ritmo que sigue, a Aaron. En el 2001 McGwire será el cuarto mejor jonronero de la historia, sólo detrás de Aaron, Ruth y Mays. Muy probablemente no tarden Bonds, Canseco y Griffey Jr. en rebasar los quinientos homeruns. En 1927 Ruth disparó un cuadrangular, en promedio, cada nueve veces al bat; en el 98 McGwire lo hizo en 7.27 ocasiones.

Los números hablan en un diamante infinito: el de la memoria, la imaginación, la creación de leyendas. La afición al beisbol se renueva: de nuevo juega la inteligencia.

Es tanta su adicción al beisbol que el consorcio Ogden de México —con 66% de capital estadunidense y el 34 restante de mexicanos— uno de los principales operadores en el manejo de estadios y arenas de Estados Unidos, y que administran las instalaciones deportivas donde juegan los Sacramento Kings y los Chicago Bulls de la NBA de basquetbol y otros estadios de Chicago, Baltimore y Filadelfia, le presentaron un proyecto a Slim para construir un estadio profesional de beisbol en los terrenos que ocupó durante muchos años la Refinería de Azcapotzalco. En un tiempo se llegó a especular que el magnate, junto con su primo Alfredo Harp Helú, de Banamex, dueño del equipo los Diablos Rojos, podrían hacerse de una franquicia de las grandes ligas para jugar en México.

El coleccionista

Arte, símbolo de riqueza

Dice Carlos Slim que, cuando muera, su mayor legado será su familia. No obstante, el magnate también pertenece a la casta de coleccionistas que cada año realizan transacciones por varios millones de dólares en el selecto mercado internacional del arte. Su principal hobby consiste en acumular las obras de mayor calidad de pinturas y esculturas. Aunque son los ricos y poderosos quienes han puesto de moda el arte como una forma de inversión, el objetivo de Slim es contar con un patrimonio artístico al nivel de los mejores museos europeos.

Con ese propósito en 1994 abrió sus puertas el Museo Soumaya, la institución que fue concebida por la fallecida esposa del magnate y que se encuentra en la Plaza Loreto al sur de la ciudad de México, donde se ha expuesto al público parte de su creciente colección personal, así como otras obras.

Slim sigue así los pasos del excéntrico multimillonario Jean Paul Getty quien en el año 1953 abrió un pequeño museo en su casa de Malibú para mostrar su colección de arte al público, misma que después de casi cinco décadas se ha expandido hasta llegar a ser una de las instituciones de arte más vitales del mundo.

La colección de Carlos Slim abarca más de 1,200 obras de arte, entre ellas la colección privada más importante del escultor Auguste Rodin. Algunas piezas de Slim son superiores a las del mismo Palacio de Bellas Artes, tanto que hasta el propio Jacques Vilain, director del

Museo Rodin de París, cuando vino a México se sorprendió de la riqueza del patrimonio del Museo Soumaya. Sin embargo, la austeridad del despacho de Slim es contrastante. En la sala de consejo del Grupo Carso, sólo dos marcos tienen un lugar fijo, su título de 1964 firmado por el rector de la UNAM, Ignacio Chávez; y una pequeña acuarela de su padre Julián Slim, nombre que lleva una de las salas de su museo y que dirige su hija Soumaya Slim Domit.

En México existe, por lo menos, una veintena de los doscientos coleccionistas más importantes del mundo, la mayoría empresarios y uno que otro político; entre los mexicanos que poseen obras de arte dignas de los mejores museos de Europa y Estados Unidos, se encuentra Carlos Slim.

La colección de Slim abarca bocetos, lienzos, acuarelas, temples, murales, esculturas, fotografías, libros incunables, arte barroco e hispanoamericano, grabados antiguos y modernos, cuadros europeos, tiene lo mismo retratos y paisajes de la obra de Mauricio de Vlaminck, —uno de los mayores representantes del fauvismo—, que obras de Tamayo, Siqueiros, Rivera, José María Velasco, Dr. Atl, Juan Correa, Miguel Cabrera, Cristóbal de Villalpando, así como valiosas esculturas de artistas europeos.

Cuando el Museo Soumaya abrió sus puertas, lo hizo con las siguientes exposiciones: la sala uno, con una colección de cuadros del siglo XVIII y XIX que conforman la selección de *El retrato mexicano*. La sala dos, con un conjunto de obras bajo el denominador *México visto por mexicanos y extranjeros*. La sala tres, con obras agrupadas bajo el concepto de *Arte barroco mexicano e hispanoamericano*. La sala cuatro, con una colección titulada *Artes decorativas de México y España*.

En su museo lo mismo que en algunas de las empresas del Grupo Carso y en algunos restaurantes Sanborns se pueden admirar obras de arte de la colección de Slim. Una buena parte de su patrimonio artístico lo ha adquirido desde su oficina por medio de catálogo. Sin embargo, revisa personalmente cada adquisición aunque tiene a su disposición un equipo de especialistas, conformado por curadores y conservadores que participan en casi todo lo que se realiza en su museo. Ellos integran las colecciones y las conservan para el disfrute del público.

A pesar de la vastedad de su colección, Slim sigue comprando arte. En una de las subastas del Instituto de Protección al Ahorro Bancario (IPAB) su representante y amigo Ignacio Cobo adquirió una de las joyas que ahí se vendieron, se trata de un óleo de Conrad Wise Chapman, titulado *México desde la Hacienda de los Morales* que le costó un millón 700 mil pesos, obra que literalmente le fue arrebatada a otra familia de coleccionistas, los Carral Cuevas.

De acuerdo a los expertos una buena parte de los coleccionistas mexicanos adquieren obras de arte como una forma de inversión logrando reunir bienes culturales más que por gusto, por negocio.

Han sido los empresarios coleccionistas quien han puesto de moda el arte como inversión, creando una confusión entre valor y precio.

Algunos mexicanos acaudalados adquieren obras de arte como una mercancía-inversión, que guardan en cajas de seguridad en sus casas o en bancos, en espera de que incrementen su precio.

Para los especialistas muchos de los acaparadores de arte carecen de la habilidad de gozar, de admirar el arte por su propio valor estético. Son vistos por los críticos como simples mercaderes de arte, los que muchas veces generan un valor ficticio. Los coleccionistas bisoños que se meten a especular con el arte han visto caer el precio de sus obras de manera similar a como ocurre en la bolsa de valores.

El especialista en arte mexicano, Rodrigo Lake sostiene que al ponerse de moda el arte como una forma de inversión, se ha creado una confusión entre los conceptos valor y precio.

Para este experto en los terrenos del arte no todo lo que brilla es oro. Y para desgracia de nuestros días, como lo premonizara Oscar Wilde, se pretende conocer el precio de todo y se desconoce el verdadero valor de la obra de arte. Dice Rodrigo Lake:

En el ámbito virreinal mexicano, que es una de mis especialidades este extraño fenómeno se acentúa entre los megarricos de nuestro país dedicados a adquirir obras de arte como fructíferas inversiones a futuro, lo cual es aceptable inclusive agradecible para evitar la fuga de maravillosas piezas, pero cuyos consejeros, generalmente asesores de origen hispánico, rechazan casi por norma los consejos de conocedores mexicanos, arriesgándose a que les den gato por liebre [...]

Esto demuestra que el mito de Quetzalcóatl todavía esta vigente en nuestro inconsciente.

Y llegado a este punto me permito recordar una simpática anécdota que ilustra a la perfección la desafortunada elección que muchos ricos coleccionistas mexicanos hacen al rodearse de "asesores" extranjeros que les aconsejan qué obras comprar o no comprar [...]

Se trata de un caso significativo relacionado con un importante anticuario de nombre Sir J. Duveen y con un gran experto de nombre, Bernhard Berenson. A ellos se debe la existencia de casi todas las colecciones importantes de Estados Unidos creadas en el periodo de entreguerras. Ellos vendían mucho al afamado millonario J. P. Morgan; el anticuario le enviaba la pieza a Berenson y éste la autentificaba. El hecho es que un día Duveen se encuentra a Berenson y le dice que esa noche van a ir a casa de Morgan para tratar la venta de una magnífica pintura. Berenson le responde que él no ha sido citado, pero Sir J. Duveen le dicen que vayan juntos. Al llegar a la cita encuentran que J. P. Morgan tiene en su casa a un segundo "experto" de origen europeo, quien al ser interrogado acerca de la obra, responde que para emitir una opinión necesita pensar. En ese momento Duveen descuelga la pintura de la pared, le da la mano a Morgan y decide irse. J. P. Morgan, asombrado le pregunta por qué se va. Y Sir J. Duveen le responde: "Perdone usted, pero si su experto necesita pensar es alguien que no sabe. Un experto no necesita pensar, un experto ¡sabe!".

Bajo la premisa de invertir en el arte como negocio la mayoría de los coleccionistas mexicanos se han hecho de un acervo histórico y cultural importante.

Carlos Slim, el magnate de magnates, es reconocido por su impresionante colección de arte moderno e impresionista europeo y mexicano y arte moderno mexicano.

Sobre la inversión en obras de arte por los coleccionistas mexicanos, Carlos Monsiváis escribió con ironía en su libro, *Los rituales del caos*:

No es lo mismo comprar en México que en Nueva York, no sabe igual. Es más chic manejar con soltura la papeleta por 600 mil o un millón de dólares y fuera del ojo fiscalizador. Y por eso en las subastas, cerca de noventa por ciento del arte mexicano es adquirido por la gente de esa nacionalidad. Ellos están al tanto: las limitaciones son enormes para la insistencia en "Lo nuestro" posee compensaciones notorias: es tema inagotable de conversación, es vanidad que no requiere de más explicaciones con las visitas y concede el prestigio íntimo sin el cual ni familias, ni residencias, alcanzan el grado de perfección.

Son fortunas de la ciudad de México, Guadalajara y Monterrey [...] y valdría la pena detenerse en Monterrey. Allí una burguesía antes considerada rústica ("los bárbaros del norte") se aficionan al arte no necesariamente como inversión, no forzosamente como regodeo estético. Quizá la primera vez alguien presume un cuadro maravilloso y la segunda ocasión ya está presente un art-dealer, muy bien relacionado y simpático, y el art-dealer recomienda y sugiere y algunas (más que algunos) le hacen caso, y al cabo de algunos años el Grupo Monterrey entero conoce de las delicias y los terrores de la compra de objetos cuyo sitio natural, su ecosistema, por así decirlo es la casa-museo.

EL ESPEJO DEL REY MIDAS

La multiplicación de los panes

La expansión de sus negocios en las últimas décadas ha dado a Carlos Slim la imagen de un emperador posmoderno. Es poderoso; como hombre de negocios es polifacético y contundente a la hora de expresar sus ideas. En Europa es visto como un "conquistador". Muchos lo consideran el ideólogo emergente de los empresarios. Él mismo no sabe el número exacto de sus empresas, pero lo que sí está claro es que después de Petróleos Mexicanos —la principal industria del país— es quien más paga impuestos. Una sola empresa de su vasto imperio, Telmex, tiene una capitalización de mercado de más de 20 mil millones de dólares y junto con Carso Global Telecom representan 40% de la Bolsa Mexicana de Valores.

Quienes lo admiran ven en Slim al mago que posee el secreto para convertir todo lo que toca en oro, pero sus detractores han insistido en que su imperio es producto de la especulación. Para muchos es poco comprensible que, como hijo de un inmigrante libanés que se hizo a sí mismo, haya podido acumular una archimillonaria fortuna en un país que jamás ha sido la tierra de las oportunidades.

Algunos han tratado vanamente descubrir el secreto de cómo pudo alcanzar el éxito. La explicación común es que Slim fue "the right man in the right place": el hombre indicado en el lugar preciso.

131

En junio de 1994 en el ocaso del gobierno de Carlos Salinas de Gortari, Slim elaboró un documento bajo su firma titulado *Historia de Grupo Carso* en el que cuenta sobre el origen y evolución de sus empresas. El magnate escribió sobre el origen de su imperio:

> Después de comentarlo con mi familia y con varios amigos, recopilé y escribí algunas notas sobre la historia del Grupo Carso. El resultado me parece incipiente, a pesar de que llena algunos de los objetivos buscados, como establecer su desarrollo cronológico y dar a conocer ciertos antecedentes personales y familiares. Pero más allá de la historia, quiero también dar a conocer, en términos generales cómo opera y cómo ha evolucionado financieramente, pues creo que este ejercicio de memoria individual y colectiva puede ser de interés para mis hijos, amigos, familiares, colaboradores; así como empresarios, periodistas, inversionistas, y estudiantes.
>
> En mi intención de continuar posteriormente estas notas para profundizar y ampliar la historia del grupo combinando datos específicos con otros conceptos subjetivos, como pueden ser los principios y bases sobre los cuales opera y se desarrolla Carso.

Slim cuenta así que las bases de su imperio surgieron en 1911 cuando su padre Julián junto con su hermano José que era trece años mayor que él establecieron una sociedad mercantil bautizada en honor a su lugar de origen como La Estrella de Oriente y su capital fue de 25 mil pesos, teniendo cada uno de los propietarios 50% de las acciones.

Recuerda Slim:

> Las razones de su éxito comercial fueron simples: vocación, talento y trabajo, sus consejos en cuestiones profesionales, morales y de responsabilidad social eran muy claros.
>
> La gestación de los Grupos Inbursa y Carso se inició en el año de 1965. Fue entonces cuando adquirí la embotelladora Jarritos del Sur y empecé a constituir varias empresas como la casa de Bolsa Inversora Bursátil, Inmobiliaria Carso, Constructora Carso, Promotora del Hogar, S.S.G. Inmobiliaria, Mina de Agre-

gados Pétreos el Volcán, Bienes Raíces Mexicanos y Pedregales del Sur. Inmobiliaria Carso la constituí en enero de 1966, tres meses antes de contraer matrimonio y el nombre viene de las primeras letras de *Car*los y *So*umaya.

Inmobiliaria Carso adquirió algunas propiedades como la de la calle Guatemala número 65 esquina con Correo Mayor, el 19 de agosto de 1970; Isabel la Católica esquina con Mesones, el 4 de noviembre de 1970; Palma 173, el 16 de agosto de 1971; al igual que numerosos terrenos en el poniente y en el sur de la ciudad. La compra de estos últimos fueron negociaciones complejas; comprendían cerca de cien predios, y constituían una superficie superior a un millón y medio de metros cuadrados. Para adquirir parte de estos predios, Inmobiliaria Carso hipotecó todas sus propiedades productivas a un interés anual de 11%, y pagó el crédito y los intereses con el flujo de las rentas.

En relación al área inmobiliaria, cabe señalar que algunos predios al sur de la ciudad adquiridos en los primeros años de los setenta, le fueron expropiados en 1989 para fines ecológicos, constituyendo parte del cinturón verde de la ciudad. Estos terrenos fueron liquidados sólo parcialmente y a un valor de 10% de su valor comercial.

Así mismo Flornamex, empresa establecida en 1981 para el cultivo y exportación de flores, tuvo que cerrar después por diversos errores y dificultades.

El cuadro de la siguiente página muestra las primeras inversiones de Carlos Slim.

FECHA	EMPRESA O INVERSIÓN	%	INVERSIÓN	DÓLARES	PASIVO	RECUPERACIÓN
1965	Jarritos del Sur	40	600,000	240,000	—	2,000,000
1970	Jarritos del Sur	40	800,000	320,000	—	
1965	Inversora Bursátil	34	340,000	27,200	—	57,000,000
1967	Inversora Bursátil	66	660,000	52,000	—	(Dividendo dic. 82)
1965-69	Condominio del Bosque	100	3,400,000	272,000	2,400,000	7,000,000 (Venta 1967-69)
1966	Inmobiliaria Carso	100	3,000,000	240,000	—	—
1966	Constructora Carso	40	400,000	32,000	—	1,000,000 (1971)
1968	SSG Inmobiliaria		1,200,000	96,000	—	—
1969	Bienes Raíces Mexicanos		1,000,000		80,000	Expropiados en 1989, 3.5 m. de dólares
1972	Pedregales del Sur					Expropiados en 1989 1.81 m. de dólares
1970-71	Inmuebles		4,500,000	360,000	3,000,000	Pago del crédito con rentas
1969-73	Terrenos y Poniente Sur Expropiados		20,000,000	1,610,000	5,000,000	(los del sur) en 1989 en aprox. 6 m. de dólares
Junio 1976	Galas de México	60	10,000,000	800,000	—	
1981	Cigatam	10	26,000,000 (aprox.)	1,050,000 (aprox.)	—	20,000,000 dividendos 82-84
Agosto 1981	Cigatam	39.60	214,000,000	8,620,000		54,000,000 (pagado en dividendos)

FECHA	EMPRESA O INVERSIÓN	%	INVERSIÓN	DÓLARES	PASIVO	RECUPERACIÓN
Agosto 1982	Cigatam	5	39,000,000	260,000	—	350,000,000 dividendos 85-94
1982-83	Anderson Clayton	3.5	10,000,000	66,600	—	1.860,000 venta y dividendo
1982-83	Reynolds Aluminio	17	12,300,000	82,000	—	—
1982-83	Hulera El Centenario (Firestone)	23	23,800,000	158,600	—	
Sept. 1983	Sanborns	4.27	161,500,000	1,076,000		
Junio 1984	Sanborns	8.65	673,750,000	3,800,000		
Junio 1985	Sanborns	33.57	7,210,000,000	22,270,000		
1982-84	Moderna	40	860,000,000	4,456,000	—	35,000,000 en venta enero-85

Bajo el principio de "no actuar pensando que va a pasar lo que ya pasó", Slim prosigue con la evolución empresarial de Carso e Inbursa.

Durante cuatro años —de 1981 a 1984— realizamos numerosas y grandes inversiones y adquisiciones que incluyeron la compra, en 1984, de participaciones de accionistas bancarios, originadas en la recompra que ellos hacen de los importantes activos bancarios.

En junio de 1976 adquirimos 60% de Galas de México en 10 millones de pesos a través de un aumento de capital de esta sociedad, y en 1980 constituimos formalmente la sociedad que es actualmente Grupo Carso con el objetivo de adquirir Cigatam, (Cigarrera la Tabacalera Mexicana). Grupo Carso se constituyó entonces con el nombre de Grupo Galas. Habiendo comprado cerca de 10% de Cigatam en aproximadamente 30 millones de pesos durante 1981; el 11 de agosto adquirimos 39.6% de Cigatam adicional en 214 millones de pesos. La adquisición de esta empresa resultó ser de enorme importancia para el grupo, pues el considerable flujo de efectivo nos permitió comprometernos en otras inversiones. Desde la incorporación de Cigatam al grupo Carso, dicha empresa se convirtió en una de las de más bajos costos de producción y operación en el mundo, y en una palanca y motor para el desarrollo del Grupo Carso. De abril de 1982 a diciembre de 1984 pagó al grupo alrededor de 20 millones de dólares los siguientes 10 años. Su participación en el mercado aumentó, en ese lapso, de 28 a 46%.

En esos años, y en virtud de que muchos grandes inversionistas nacionales y extranjeros no querían mantener sus inversiones, fue viable adquirir a precios muy por debajo de su valor real la mayoría de varias empresas, incluso mexicanizar a varias de ellas, entre las que destacan Reynolds Aluminio, Sanborns, Nacobre y sus subsidiarias. Posteriormente mexicanizamos, patrimonial y operativamente Luxus, Euzkadi, General Tire, Aluminio y 30% de Condumex. Otra forma en que mexicanizamos empresas fue venderlas a otros empresarios mexicanos como fue el caso de Química Penwalt en 1983 y la Moderna en 1985.

Durante el segundo semestre de 1982 y 1983 el valor de las empresas era aún más irracional que el pesimismo de la gente. En estos años algunas empresas valían menos de 5% de su valor en libros. Actualmente varias empresas se cotizan a más de cinco veces su revaluado capital contable. Aunque es producto de nuestro propio entorno, estas dos situaciones no son ajenas al entorno internacional. En efecto, a principios de la década de los ochenta la tasa de interés en los mercados internacionales fue superior a 20% y la inflación en Estados Unidos fue de dos dígitos. Al final de los ochenta con una inflación de 3 a 4% la tasa de interés se reduce sustancialmente hasta niveles de 2% (rendimiento negativo en términos reales). Por ese motivo se revalúan los activos fijos en los Estados Unidos y al convertirse el mercado accionario mexicano materia de inversión de los grandes fondos de inversión americanos a partir de 1991, se da una fuerte revaluación de las empresas mexicanas hasta

Valor de mercado de las empresas del Grupo Carso

	DICIEMBRE 1982 MILLONES		DICIEMBRE 1984 MILLONES		JUNIO 1994 MILLONES	MARZO 1995 MILLONES
	PESOS	DÓLARES	PESOS	DÓLARES	DE DÓLARES	DE DÓLARES
Anderson Clayton	281	1.9	9,312	47.8	123.0	58.3
Celanese	1,772	11.8	18,867	96.8	1,431.0	1,097.8
Cementos Mexicanos	3,900	26.0	20,750	106.4	7,820.0	2,391.4
Hulera El Centenario (Firestone)	109	0.7	2,772	14.2	—	—
Kimberly Clark	4,075	27.2	19,106	98.0	3,698.2	1,675.6
Loreto y Peña Pobre	212	1.4	692	3.6	150.0	70.6
Cía. Hulera Euzkadi	7,595.1	7,904	40.5	186.1	65.1	
Empresas la Moderna	724	4.8	13,716	70.3	2,870.0	1,297.5
Reynolds Aluminio	86	0.6	348	1.8	—	—
Sanborns	3,451	23.0	19,580	100.4	690.0	440.0
Segumex	—	—	8,520	43.7	980.0 (incluye escisión)	449.6 (incluye escisión)
Telmex	25,809	172.1	61,777	316.8	29,445.0	15,245.7

más de diez veces al aplicarse parámetros estadunidenses para la inversión (múltiplos, rendimientos, crecimiento). Ésta revaluación ha permitido a varias empresas mexicanas acudir a estos mercados para capitalizarse de manera importante y en condiciones favorables.

La década de los ochenta marcó una etapa importante en la historia del grupo. Es entonces cuando se constituyó en un grupo de grandes empresas. Como todos recordamos, fue una etapa crítica en la historia del país, en la que se perdió la confianza en su futuro. Entonces, mientras los demás rehusaban invertir, nosotros decidimos hacerlo: La razón de está decisión del Grupo Carso fue una mezcla de confianza de nosotros mismos, confianza en el país y sentido común. Cualquier análisis racional y emocional nos decía que hacer cualquier otra cosa que no fue-

137

ra invertir en México, sería una barbaridad. No es posible educar y formar a nuestro hijos adolescentes (o de cualquier edad) con miedo, desconfianza y comprando dólares. Las condiciones de aquellos años me recordaron la decisión que tomo mi papá en marzo de 1914: cuando en plena Revolución le compra a su hermano el 50% del negocio poniendo en riesgo todo su capital y su futuro.

Entre 1982 y 1984 realizamos diversas inversiones en varias empresas como fueron los casos de Hulera El Centenario con 23%, 3.5% de Anderson Clayton y 21.6% de Sanborns. En el mismo año adquirimos 17% de Reynolds Aluminio, e importantes participaciones en diversas empresas.

En 1984, concretamos varios controles. Se adquirió el "paquete del Grupo 2" de Bancomer, en agosto de 1984 en 11, 238 millones de pesos (58 millones de dólares), que comprendía 100% de Seguros de México, antes Seguros Bancomer, más 30% de Anderson Clayton y varias importantes inversiones más.

La adquisición se realizó de la siguiente manera:

		MONTO			
FECHA	INVERSIÓN	PESOS	DÓLARES	ADQUIRIENTE	
Ago. 23, 1984	Anderson Clayton	2,800.0	14.5	Cigatam	
Ago. 28, 1984	Segumex	5,100.0	26.4	Inversora Bursátil	484.5
				Socios Mayoritarios	2,805.5
				Oferta Pública	1,810.0
Ago. 29-Sep. 7, 1984	Cartera de Inversión	1,645.0	8.5	Segumex	
Ago. 29-Sep. 7, 1984	Cartera de Inversión	200.0	1.0	Inversora Bursátil	
Ago. 29-Sep. 7, 1984	Cartera de Inversión	948.0	4.9	Grupo Carso	
Ago. 29-Sep. 7, 1984	Valores Vendidos en el Mercado	545.0	2.8	Varios	
		11,238.0	58.1		5,100.0

(En esta tabla destacan las adquisiciones que conformaron el Grupo Financiero Inbursa.)

Con estas adquisiciones conformamos el Grupo Financiero Inbursa, constituido por la casa de Bolsa Inversora Bursátil, Seguros de México y Finanzas La Guardiana. En 1981 fundamos el fondo Inbursa que en 13 años ha tenido un rendimiento de aproximadamente 31% anual en dólares y en el que invertimos por cierto el producto de la venta de Venustiano Carranza 118-120.

Para 1983 el capital contable de la Inversora era de 3,000 millones y había pagado 57 millones de dividendos.

En 1985 Grupo Carso adquirió el control de Artes Gráficas Unidas, Loreto y Peña Pobre, Porcelanite, y así como la mayoría de Sanborns y su filial Denny's.

En 1986, adquirimos la compañía Minera Frisco y Empresas Nacobre, así como sus filiales, y mantenemos una importante participación en Euzkadi.

Para estas adquisiciones fuimos vendiendo varias participaciones minoritarias que habíamos adquirido anteriormente y sin intereses corporativos, entre las que destaca 40% de Empresas la Moderna ya referida anteriormente.

Todas las empresas antes mencionadas constituyen el Grupo Carso desde las fechas indicadas y hasta 1986, no adquiriendo la mayoría de ninguna otra empresa hasta 1992.

Grupo Carso tiene en sus estatutos cláusulas de exclusión a extranjeros, por lo que no tuvo ni tiene socios de ese tipo, con excepción, a partir de 1991, de los inversionistas que participan a través del fideicomiso neutro de Nafinsa con fines exclusivamente patrimoniales.

A partir del 18 de junio de 1990 hicimos al Grupo Carso una empresa pública a través de una oferta primaria de acciones a la que siguieron fusiones con otras empresas del grupo, un aumento de capital y otras dos ofertas públicas primarias internacionales. Antes de la oferta en junio de 1990, Carso era una empresa privada con pocos socios, todos ellos colaboraban en el grupo aunque varias de las empresas controladas eran públicas y tenían numerosos inversionistas.

A fines de 1990, el Grupo Carso junto con South Western Bell, France Telecom y varios inversionistas mexicanos ganó la licitación para privatizar Teléfonos de México. Se adquirió 5.17%

139

de la empresa mediante la compra de acciones "AA" a un precio de 20% superior al del mercado de acciones "A" y "L". Para hacer frente a este importante pago, no obstante la sólida estructura financiera del grupo, y las importantes empresas que lo forman, y que mantienen permanentemente aceleradas las inversiones que le son viables, además del uso de los recursos generados en la operación de sus filiales y para mantener una posición operativa y financiera sana, se realizaron diversas ofertas públicas para financiar esa adquisición. La primera en junio de 1990, después de su inscripción en la Bolsa Mexicana de Valores, hicimos una oferta pública primaria por un monto equivalente a 100 millones de dólares; una emisión de obligaciones quirográficas en junio de 1991 por 500 mil millones de pesos y otras dos por sus filiales por 550 mil millones de pesos en mayo y julio para consolidar pasivos. Se realizó una segunda oferta pública primaria de acciones del Grupo Carso de 140 mil millones en la Bolsa Mexicana de Valores y de 214 millones de dólares en los mercados internacionales de capital. La inversión en la compra de nuestra participación en Telmex, fue de 442.8 millones dólares, la de nuestras ofertas públicas fue alrededor de 360 millones de capital y 165 en pasivo. Esto es, captamos a través de estas ofertas aproximadamente 100 millones de dólares más que la inversión en Telmex. Cabe mencionar que nuestros socios mexicanos (incluyendo Segumex) adquirieron el otro 5% de acciones "AA" de Telmex, a pesar de que se obligaban a mantener su inversión de largo plazo, de pagarla arriba del mercado y de comprar acciones de control ("AA") que no pueden vender.

Dada la importancia de la empresa, su rezago y las enormes transformaciones e inversiones en el sector a nivel mundial, fue necesario establecer un agresivo plan de inversión para crecer y modernizarse, lanzar un programa acelerado de capacitación e iniciar un proceso de cambio cultural y reconstrucción de la antigua red exterior para mejorar el servicio. También fue necesario realizar la dolorosa eliminación de los subsidios cruzados, incrementando fuertemente el servicio local para reducir el de larga distancia.

En febrero de 1993 y para continuar sus planes de desarrollo, Grupo Carso hizo una tercera oferta pública de acciones —también primaria— por aproximadamente 352 millones de dólares, con el fin de continuar siendo un sano y fuerte grupo empresarial, capaz de competir con las poderosas empresas internacionales.

Posteriormente a la adquisición de las acciones "AA" de Telmex, el grupo continuó su política de reinversión total de sus utilidades, principalmente en los sectores de la construcción, autopartes, productos de consumo, comunicaciones y comercio. De 1992 a la fecha se adquirieron a las compañías extranjeras Pirelli, Alcoa y Continental, las empresas Condumex, Aluminio y General Tire, de las que eran los socios principales con 30, 48 y 99% respectivamente, y que en los dos últimos casos, tenían a su cargo la operación. Con Continental mantenemos un convenio de asistencia técnica y de comercialización

A pesar de los grandes logros en casi tres décadas de trabajo hemos tenido numerosas dificultades en estos veintinueve años de actividad empresarial desde problemas con marcas ajenas (Jarritos, Hershey's, Reynolds, Goodrich, Sugus, Toblerone) que nosotros habíamos desarrollado, hasta expropiaciones de muchos inmuebles (1989), apertura comercial y entrada ilegal de productos, pasando por permisos de operación negadas de uso de suelo, invasiones de predios, precios incosteables de productos mineros, agotamientos de minas, problemas con monopolios, problemas laborales, disociaciones (Constructora Carso, Minera Real Ángeles), cambios inesperados de asistencia técnica, instalaciones obsoletas, contaminantes o que consumen agua en exceso (Planta de Celulosa de Peña Pobre, Loreto, Euzkadi en el Distrito Federal) y malos negocios (Flornamex). Unas negociaciones han sido rápidas y cordiales como la de Frisco y Condumex, otras largas y difíciles.

Aunque todas las empresas implican un gran esfuerzo individual y colectivo hemos tenido retos muy difíciles profesionales y financieros, de los que destacamos:

Desde el punto de vista profesional Galas y Telmex. Galas, al adquirirla, presentaba en 1976 condiciones muy difíciles:

141

huelga, 17,000 clientes de los que uno solo acaparaba 25% de las ventas (y se integró poco después), numerosos productos, equipos obsoletos, muy endeudada, clientes molestos por la huelga, proveedores que no surtían por la falta de pago, deudas vencidas con bancos, arrendadoras financieras y proveedores, así como convenios de impuestos, seguro social no cumplidos, además de dificultades laborales y con experiencia industrial más limitada. Quince años después, en 1991, Teléfonos de México con grandes deficiencias en el servicio, equipo obsoleto, planta exterior deteriorada, una gran demanda insatisfecha y subsidios cruzados de doloroso ajuste. Todo ello con grandes repercusiones en la vida social y económica del país.

Integrar al grupo mexicano fue una tarea difícil por los montos y plazos de la inversión (de cinco a diez años) y fue especialmente ardua la negociación con nuestros socios tecnólogos, Southwestern Bell y France Telecom, aunque después de llegar a los acuerdos en casi cuatro años no hemos tenido problemas. No cabe duda, entre más se discuten y definen las condiciones de una asociación menos problemas se tienen después. La inversión de Grupo Carso, aunque muy grande, la financiamos con relativa facilidad a través de obligaciones quirográficas por 500 mil millones, y una oferta pública privada por 307 mil millones, un aumento de capital de 500 mil millones y una oferta pública primaria internacional de 794 mil millones. Posteriormente hicimos una segunda oferta pública internacional por 1,094 mil millones en enero de 1993.

Además de la gran capitalización del Grupo Carso gracias a las tres ofertas primarias, hemos continuado reinvirtiendo las utilidades del grupo y desinvirtiendo participaciones minoritarias, lo que permite a Carso tener finanzas muy sanas para continuar su desarrollo.

El Conquistador

Futurólogo de la globalización

S hakespeare escribió que el dinero garantiza amigos y neutraliza ene-
migos. Bajo esa premisa para Carlos Slim el dinero ha sido una he-
rramienta de poder. El dinero le ha otorgado influencia sobre unos y
poder frente a otros. Su imperio se ha extendido como un auténtico
big bang.

Aunque se ha discutido que en política los empresarios no tienen
derecho de veto, Slim como algunos de sus pares ha hecho valer su voz
para imponerse. Su poder económico le ha conferido un halo muy especial. Muchos lo ven como un gurú de las finanzas, otros lo juzgan como
un líder empresarial mediático que con el dinero cree resolverlo todo.

Slim es de esos personajes que que sólo aparece en los medios
cuando quiere dejarse escuchar o neutralizar algún asunto. Hay quienes interpretan esa actitud como un hecho irrefutable: cuando el dinero habla, suele imponerse el silencio.

En México los empresarios han sabido aprovechar las lagunas
legales del sistema financiero y político para acrecentar sus negocios,
Slim no ha sido la excepción, durante el gobierno de Carlos Salinas de
Gortari salió de la penumbra y fue señalado de ser un beneficiario del
salinismo. Siempre ha rechazado su vinculación con los políticos, pero
él mismo llegó a reconocer que aportó recursos para algunas campañas presidenciales. En todo caso, Slim llegó a congratularse de hacer
un empleo eficaz de su poder económico.

Se jacta de saber nadar contra la corriente, afirma que así construyó su imperio. En la década de los noventa se proyectó como el hombre más rico de México y de toda América Latina. Sostiene que "el mejor negocio para el empresario es que no haya pobreza". Sin embargo, hizo su fortuna en un país de pobres en el que 5% de la población concentra más de 60% de la riqueza.

Con sus empresas ocupa el primer lugar con mayores ganancias; encabeza la lista de los principales generadores de empleo (Telmex, Grupo Carso e Inbursa dan trabajo a 150 mil personas) y sus activos junto con el de los cien principales empresarios equivalen a 60% del Producto Interno Bruto, además de controlar él solo con su grupo empresarial un poco más de 40% del mercado de valores y de contribuir al fisco con más de 5 mil millones de dólares al año.

Por su poderío económico la revista *Time* en su Reporte Empresarial Global 1997, incluyó a Slim junto con la empresaria de Brasil, María Silvia Bastos Marques como los únicos latinoamericanos entre la docena de "jugadores claves" de la globalización en el mundo de los negocios. *Time* ha elogiado a Slim por su decisión de "no achicarse" ante las grandes corporaciones estadunidenses y de retar a los gigantes de la comunicación en Estados Unidos como AT&T y MCI en su propio terreno de juego.

Desde que apareció en la lista internacional de la revista *Forbes*, Slim se ha mantenido dentro del grupo de los ricos más ricos del mundo; su fortuna fue estimada hasta julio de 2001 en 10,800 millones de dólares.

En noviembre de 1999 el periódico *Reforma* puso a Slim a la cabeza de los veinte hombres mexicanos del siglo XX, mediante una consulta entre dirigentes empresariales, asesores económicos, académicos y periodistas especializados en economía y negocios. Los especialistas eligieron al magnate de ascendencia libanesa por encima de personajes como el secretario de Hacienda de Porfirio Díaz, José Yves Limantour; Manuel Espinosa Iglesias, fundador de Bancomer; Emilio Azcárraga Vidaurreta, fundador de la radio y la televisión mexicanas; Manuel Gómez Morin, director del Banco de México, fundador e ideólogo del

Partido Acción Nacional y rector de la UNAM; Alberto J. Pani, fundador del Banco de México; del banquero Rodrigo Gómez que fue director adjunto del Fondo Monetario Internacional y director del Banco de México; Eugenio Garza Sada, prominente empresario de Monterrey, fundador del Tecnológico de Monterrey; Jesús Silva Herzog, economista e historiador, fundador de la Escuela Nacional de Economía y profesor emérito de la UNAM y de otros como el banquero Antonio Ortiz Mena, artífice del llamado "milagro mexicano" o desarrollo estabilizador.

A diferencia de otras publicaciones como *Forbes* que sólo llamaron a Carlos Slim el Conquistador por su creciente imperio empresarial, *BusinessWeek* —la influyente revista de negocios de Wall Street— hizo un retrato crítico de Slim al que ubicó dentro de la "plutocracia protegida" por el gobierno del presidente Carlos Salinas de Gortari a quien señalaron como responsable de poner en las manos del magnate una auténtica "mina de oro" al adjudicarle la propiedad de Teléfonos de México.

Los editores de *BusinessWeek* fueron directos sobre las recompensas de Salinas a sus amigos:

> Rumores y alegatos de amiguismos rondan por todo el proceso de privatización. En respuesta, el gobierno hace lo imposible por crear una impresión de imparcialidad. Por ejemplo, en la junta de gabinete que decidió quiénes serían los nuevos dueños de Telmex, los tres postores fueron nombrados A, B y C. Pero todos sabían quién era quién [...]

Slim, quien sacó provecho al boom del mercado de valores en los ochenta, gracias a sus habilidades y contactos, multiplicó su fortuna en los noventa. Adquirió la cuarta parte de las acciones de Televisa —la principal cadena de televisión en español en el mundo— invirtió en empresas de telecomunicaciones en Sudamérica y en Estados Unidos como CompUSA y obtuvo acciones de las empresas Office Max, Circuit City y Borders, consolidando su imperio que tiene intereses en telecomunicaciones, industria minera, hulera y sector financiero.

Hombre de mente fría y calculadora, sin afanes protagónicos, Slim, entre los hombres del poder y el dinero es considerado una personalidad carismática. Simplemente se transformó en un moderno rey Midas gracias a la varita mágica de la especulación y el olfato para saber en dónde hay dinero.

Asociado con Bill Gates, el hombre más rico del mundo, Slim tiene de su lado en los negocios a dos de los más reconocidos futurólogos, Alvin Toffler y Nicholas Negroponte.

Autor de *Cambios en el poder*, y de otras obras como *El shock del futuro* y *La tercera ola*, Toffler desde los ochenta empezó a aventurar hipótesis que ningún académico se atrevería a plantear y que hombres con un sentido del futuro como Carlos Slim han sabido descifrar.

Toffler adopta como eje de su disertación el conocimiento sobre el conocimiento y la información sobre la información —el lenguaje supersimbólico, como él mismo lo llama— y desarrolla la tesis según la cual efectivamente se están creando economías para el cambio, con gran capacidad de adaptación y generación de novedades, sustituyendo una economía en franca desintegración, la de las chimeneas, por otra en plena construcción, la de los chips.

Para los empresarios futurólogos como Slim las formas de hacer riqueza son totalmente dependientes de la comunicación y divulgación de datos, ideas, símbolos y simbolismos. Aunque para evitar que en esa economía supersimbólica se monopolice el crecimiento, y para que se socialice, democratice y genere bienestar y nuevas formas de vida, se requiere de la inteligencia social y política.

El manejo de esas altas tecnologías hace que los procesos productivos sean adoptados por pequeñas empresas, más flexibles y ágiles.

En el terreno de la producción, el interés por abatir los inventarios y disminuir costos financieros, de seguros y almacenamiento, ha empujado a los proveedores a responder "justo a tiempo", a inventar cada vez más rápido, así cambie el producto final en dos o tres meses.

Lo que cuenta hoy es la velocidad para responder a la demanda, y ésta no es precisamente un atributo de las economías en desarrollo.

146

La organización en una firma cambia debido a un constante aprendizaje, desaprendizaje y reaprendizaje, en un ambiente donde incluso el espionaje cambia y el consumidor es el más valioso informador de los estilos de vida preferidos y, por ello mismo, el retroalimentador de las cadenas productivas y de mercado.

En esta revolución generadora de una nueva economía y una nueva política se reconoce el valor de las ideas.

En este nuevo siglo, las fuentes económicas y de poder son la producción de bienes y servicios nuevos, investigación científica y tecnológica, formación de recursos humanos, software especializado, comunicaciones avanzadas, organización en especialidades y flexibilidad, finanzas electrónicas, conocimiento e información.

La fusión de los medios de información ha sido una característica de los últimos años. La ubicuidad, como la interacción con el televidente, son el don de los medios. La conexión de la computadora personal al teléfono o a la televisión es una novedad de enorme potencialidad.

Esa nueva sociedad heterogénea y orientada a la innovación defiende, en sorprendente alianza de intelectuales con gerentes y de comunicadores con industriales, la libertad de expresión: esa coalición de intereses garantiza el progreso intelectual y económico de la nueva era.

Para responder con previsión a esos retos Slim ha recurrido a la asesoría de los futurólogos.

Para Slim el futuro que viene, ya está aquí. La globalización no es una alternativa, es una realidad, y son las comunicaciones lo que globaliza, sostiene el magnate que se ha rodeado de los principales futurólogos como Nicholas Negroponte, arquitecto y profesor de tecnología mediática que fundó en 1985 el Media Lab del Instituto Tecnológico de Massachusetts.

Walter Bender, director del Media Lab trabaja en un proyecto para el Grupo Carso cuyos objetivos básicos son la investigación y desarrollo de nuevas tecnologías de información adecuadas para América Latina, la formación de especialistas para el desarrollo y transferencia de conocimientos digitales.

De cara al futuro Slim y Bill Gates se asociaron para poner en marcha un programa de telecomunicaciones en español a través de T1msn para dominar el mercado de América Latina, sólo como el principio de un imperio que ya se extiende a Europa y Estados Unidos.

El smart money

Carso, modelo para armar

Con el arribo de los tecnócratas al poder, el país se les hacía chiquito a los empresarios. Los barones del dinero emulaban a los personajes del libro *Gog* de Giovanni Papini.

En esa obra el escritor florentino autor también de *Don Quijote del engaño*, escribió:

> Este mes he comprado una República. Capricho costoso y que no tendrá imitadores. Era un deseo que tenía desde hacia mucho tiempo y he querido librarme de él. Me imaginaba que el ser dueño de un país daba gusto.
>
> La ocasión era buena y el asunto quedó arreglado en pocos días. El presidente tenía el agua hasta el cuello: su ministerio, compuesto de clientes suyos, era un peligro. Las cajas de la República estaban vacías; crear nuevos impuestos hubiera sido la señal del derrumbamiento de todo el clan que se hallaba en el poder, tal vez de una revolución. Había ya un general que armaba bandas de regulares y prometía cargos y empleos al primero que llegaba.
>
> Un agente americano que se hallaba en el lugar me avisó. El Ministro de Hacienda corrió a Nueva York: en cuatro días nos pusimos de acuerdo. Anticipé algunos millones de dólares a la República y además asigné al presidente, a todos los ministros y a sus secretarios, unos emolumentos dobles de aquellos que

recibían del Estado. Me han dado en garantía —sin que el pueblo lo sepa— las aduanas y los monopolios.

Yo no soy más que el rey incógnito de una pequeña República en desorden, pero la facilidad con que he conseguido dominarla y el evidente interés de todos los iniciados en conservar el secreto, me hace pensar que otras naciones, tal vez más vastas e importantes que mi República, viven, sin darse cuenta, bajo una dependencia análoga de soberanos extranjeros. Siendo necesario más dinero para su adquisición, se tratará, en vez de un solo dueño, como en mi caso, de un trust, de un sindicato de negocios, de un grupo restringido de capitalistas o de banqueros.

Pero tengo fundadas sospechas de que otros países son gobernados por pequeños comités de reyes invisibles, conocidos solamente por sus hombres de confianza, que continúan recitando con naturalidad el papel de los jefes legítimos.

Centinela de la nación, el periodista Manuel Buendía en su columna *Red Privada* escribió el 28 de mayo de 1984 —dos días antes de ser asesinado— sobre la creación de una empresa constituida bajo las siglas de LESA de C.V. (Libre Empresa S.A. de C.V.), encabezada por Emilio el Tigre Azcárraga, en la que había convocado a los más conspicuos representantes de la plutocracia mexicana, entre ellos el magnate Carlos Slim Helú, Roberto Servitje, Abel Vázquez Raña, Antonio del Valle, Antonio Madero, Carlos Autrey, José Luis Ballesteros, Juan Diego Gutiérrez Cortina y otros más, para comprar todas las empresas del gobierno, y crear para ello, una sociedad anónima, con capital formado con una aportación inicial de 25 millones de pesos por cada uno de los miembros.

Los empresarios iban por todo. Buscaban adquirir las empresas paraestatales en poder del Estado estimulados por la política neoliberal de Miguel de la Madrid.

Durante el ciclo de los tecnócratas en el poder (Miguel de la Madrid, Carlos Salinas de Gortari y Ernesto Zedillo) se llevó a cabo el más grande proceso de privatizaciones en la historia de nuestro país.

Entre el despilfarro e intereses políticos se destinaron 10 mil millones de dólares al Programa Solidaridad, de un total de 35 mil millones de dólares captados por la venta de empresas paraestatales e instituciones financieras, así consta en un reporte de la firma especializada White and Case (Wac).

Entre el periodo 1982-2000 el gobierno vendió mil 75 empresas paraestatales y bancos.

Para algunos analistas esta política sirvió para contribuir al saneamiento de la economía y al financiamiento e inversiones sociales. Desde la percepción de la publicación especializada *Tribune Desfosses*, "para el gobierno mexicano las privatizaciones constituyeron un eje crucial de su política de saneamiento económico (que incluyó la lucha contra la inflación) y la reducción de la deuda externa".

Durante el sexenio salinista ocurrió el mayor número de privatizaciones, lo que en términos financieros fue equivalente a 89% de las Reservas Internacionales del Banco de México.

Los ingresos extraordinarios obtenidos mediante el proceso de desincorporación de entidades públicas no estratégicas ni prioritarias, incluidos los derivados por la liquidación del Fideicomiso de Riesgo Cambiario (FICORCA) fueron por más de 30 mil millones de dólares.

Dichos recursos contribuyeron a fortalecer los activos financieros del país, ya que los ingresos por la venta de empresas y bancos evitaron gastar reservas del Banco de México.

A partir de las privatizaciones en ese sexenio se aceleró el proceso de concentración y centralización de capital de los grupos financieros. El número de grupos industriales y comerciales creció de manera considerable, así como los "grupos financieros", integrados la mayoría, por banco, casa de bolsa, aseguradora, afianzadora y casa de cambio, cotizando en la Bolsa de Valores. De ellos, sólo seis grupos financieros empezaron a controlar 80% de los activos financieros del país, además estos grupos establecieron vínculos patrimoniales con los diez grupos industriales y comerciales más poderosos, los cuales ya concentraban a mediados de los ochenta, alrededor de 60% del crédito otorgado en el ámbito nacional y 90% de los flujos financieros internacionales.

151

Todo ello gracias al despegue que lograron en el gobierno de De la Madrid cuyo gobierno inyectó un flujo de financiamiento canalizado por la banca múltiple al sector privado.

Los empresarios resurgieron así como la elite privilegiada gracias al conjunto de reformas económicas y financieras impulsadas por el gobierno cambiando radicalmente las condiciones económicas del país.

Tiempo después en el sexenio del presidente Carlos Salinas de Gortari el sector empresarial se consolidó dando paso a una auténtica plutocracia.

Las reformas salinistas garantizaron a los grandes accionistas el control del conjunto del capital, pues con inversiones tan pequeñas como 5.16% el Grupo Carso en Telmex obtuvo 51% de los votos, y en el caso de los grupos financieros, éstos asumieron el control de las instituciones bancarias con inversiones de 5 a 20%, además de alcanzar escala internacional al asociarse estratégicamente con el capital extranjero.

El apoyo gubernamental fue determinante para los empresarios. Gracias a la nueva política económica los grupos empresariales sobreendeudados dispusieron de un apoyo privilegiado por medio de subsidios financieros a los grandes consorcios empresariales mediante el Fideicomiso para la Cobertura de Riesgos Cambiarios, o fueron adquiridos por el Estado, en tanto las empresas paraestatales con severos problemas financieros eran saneadas y luego privatizadas, como siguió ocurriendo con los gobiernos de Ernesto Zedillo y Vicente Fox, sobresaliendo en este último caso la "expropiación" parcial de los ingenios azucareros.

En México las elites del poder y el dinero siempre han estado ligadas al gobierno, pues entre los empresarios y los políticos ha existido un acuerdo básico que guía la política económica. Sin embargo, durante algunas épocas se llegaron a dar grandes diferencias como consecuencia de que los hombres de empresa no aceptaban las políticas del gobierno y los políticos, por su parte, llegaron a satanizar a los empresarios por considerarlos desleales con el país.

El periodo de mayor tensión se dio en el gobierno del presidente Luis Echeverría cuando se suscitó una militancia política más abierta por parte del empresariado, pero el momento más explosivo ocurrió con la expropiación bancaria durante el gobierno del presidente José López Portillo. Hasta entonces el saldo social representaba el principal problema a resolver por los gobiernos derivados de la Revolución mexicana.

A partir del gobierno del presidente Miguel de la Madrid a la crisis estructural, se sumaron las transformaciones económicas internacionales, los cambios económicos internos promovidos por el nuevo grupo de gobierno, esto condujo a una nueva forma de presencia de la oligarquía financiera nacional la cual tuvo injerencia directa en las decisiones sobre la política económica cambiando así el rumbo de la nación.

El gobierno de De la Madrid marcó un giro importante en la vida nacional. Otros tiempos y otros hombres comenzaron a gobernar el país. Con el nuevo gobierno llegó también un lenguaje diferente. Las reglas del juego del sistema cambiaron y el esquema de política económica consistió en posponer los compromisos sociales. La reordenación fue profunda, el Estado fue sometido a una dieta rigurosa para adelgazar empezando por la reprivatización de los bancos y la venta de empresas paraestatales. Para los empresarios el nuevo proyecto económico del país era casi el paraíso. Con el cambio sólo se benefició a un sector privilegiado en detrimento del resto de la población.

Durante el gobierno del presidente Carlos Salinas de Gortari la transformación económica del país respondió exclusivamente a la integración a los modelos de la economía estadunidense, conduciendo a México inexorablemente a la dependencia absoluta. En su sexenio el presidente Ernesto Zedillo continuó esta política aunque buscó nuevos mercados para una mayor viabilidad del nuevo modelo económico tratando de acloplarlo a las tendencias de la economía mundial.

Antes de la expropiación de los bancos, cuatro casas de bolsa controlaban 40% de las acciones negociadas en la Bolsa Mexicana de Valores. Inversora Bursátil propiedad de Carlos Slim era una de ellas y antes del boom de 1987 éstas controlaban 65.4% de las acciones hasta que estalló la burbuja provocando el histórico hundimiento de la bolsa, en el otoño de ese año, y que según los especialistas tuvo su origen en la especulación misma que dejó en la miseria a miles de inversionistas bisoños que fueron atraídos por el espejismo de los altos rendimientos. En sólo unos días la bolsa perdió 35 billones de pesos. Esa cifra representaba el doble del monto por el pago de intereses anuales de la deuda externa o, bien, la cuarta parte del valor de la producción del país, o el equivalente a las exportaciones petroleras durante un año. Sin embargo, los que se beneficiaron con la manipulación de las operaciones bursátiles fueron los dueños de las casas de bolsa que también eran los propietarios de las principales empresas que cotizaban en la Bolsa Mexicana de Valores y recurrieron al financiamiento de éstas a través de la emisión de acciones, obligaciones y papel comercial por una cantidad equivalente a 15% del financiamiento otorgado por toda la banca comercial en ese mismo año.

En el transcurso de este periodo de transformación emergieron diversos grupos empresariales como el de Carlos Slim que supo descifrar los códigos del proyecto económico de los tecnócratas. El magnate atribuye el origen de su imperio al "sentido común": saber comprar en los momentos de crisis.

Por ejemplo, Slim hasta antes de los ochenta era un industrial que aparecía abajo de la media entre los empresarios más importantes del país. Era de la tropa empresarial, no era un magnate con dinastía como los Garza Sada o los Azcárraga. Tenía entonces un porcentaje importante de Cigatam, la cigarrera más importante de México que había adquirido en medio de la crisis económica del sexenio lopezportillista cuando los grandes hombres de negocios habían sacado sus capitales del país.

Durante los ochenta, la llamada "década perdida" para la sociedad pero de grandes rendimientos para los especuladores, Slim supo aprovechar el momento y en el mayor periodo de crisis se lanzó a comprar empresas entre 1981 y 1986, interpretando a cabalidad los ciclos históricos a que se referían los grandes maestros de la especulación como Paul Getty y Warren Buffett para acumular grandes fortunas.

Aunque para Slim la diferencia entre un inversionista y un especulador es muy clara, pues a su juicio "el inversionista busca hacer negocios donde le conviene y el especulador lo hace a más corto plazo, pues es una especie de Rambo financiero", en la práctica Slim ha sabido sacar provecho de su olfato durante las crisis de mayor envergadura.

En la crisis de los ochenta Slim compró de un sopetón sus empresas al banquero Espinosa Iglesias.

En sus memorias *Bancomer, logro y destrucción de un ideal*, Espinosa Iglesias relata que fue despojado de su patrimonio por una "decisión imperial" de los presidentes López Portillo y Miguel de la Madrid.

Cuenta Espinosa Iglesias que cuando la crisis le estalló en las manos a López Portillo, en su afán desesperado por "salvar" la imagen presidencial decretó la expropiación de la banca.

> [...] No importó atribuirle a la banca privada responsabilidades que no tenía, ni tampoco destruir la labor y los esfuerzos de muchas personas a lo largo de numerosos años de trabajo.
>
> En mi caso, ya lo he dicho, se trató del trabajo de toda mi vida. Quizá por eso, porque me robaron más que a ninguno, no alcanzo todavía a entender plenamente cómo pudo permitirse que esto pasara.

Con De la Madrid, Espinosa no tuvo una buena relación —ser exbanquero equivalía a ser nadie—; por ejemplo recuerda que propuso un camino justo y razonable, es decir,

> [...] distinguir los efectivos propiamente bancarios; separarlos de los inmuebles y de las bancoempresas; regresarle estas últimas a sus dueños originales y olvidarse del valor que pudieran tener los primeros. Sólo que como ésta era la solución que le propuse a López Portillo antes de que concluyera su mandato, De la Madrid y sus funcionarios se negaron a reconocerle mérito alguno y se decidieron por el despojo.

[...] Al reflexionar sobre el desasosiego y la angustia que me embargó en esos días, he llegado a advertir que hubo otro factor que contribuyó a agudizarlos: me era imposible dejar de sentir que el dinero que yo había recibido por la indemnización era dinero ardiente, mal habido. ¿Cómo podía yo disfrutar de ese capital cuando cientos de accionistas menores estaban peor que yo? En ese sentido yo me encontraba en una posición única, ya que a diferencia de los demás directores que intervinieron en las negociaciones, yo sí conocía personalmente a la mayoría de los accionistas, fueran consejeros en provincia o empleados del banco. Yo tenía el deber de preocuparme por ellos y defenderlos, pero fuera de la propuesta que le hice a López Portillo y que rechazó De la Madrid, no pude hacer nada más.

La suma de esas dos emociones —sentir que ya no podía hacer nada y poseía un capital al que no tenía pleno derecho—, me llevó a venderle las empresas del grupo dos al ingeniero Carlos Slim y las del tres a Roberto Hernández. Como quería deshacerme de ellas, las vendí al precio que las compré. Esos grupos no comprendían solamente Bancomer y la casa de Bolsa Bancomer, sino muchas otras empresas muy importantes. Dado mi estado de ánimo, vendí todo sin prestarle atención al detalle. Durante un par de años sólo conservé las empresas del primer grupo, entre las que destacaba la minera Frisco, y aunque nunca regresé a ella —a ese grado era mi rechazo—, intenté hacer de ella el punto de partida para formar un grupo minero importante. Mis esfuerzos, sin embargo, volvieron a encontrarse con la negativa y el rechazo.

En efecto, Espinosa Iglesias admite que tenía en su contra el desafecto de Miguel de la Madrid quien había ordenado que no se le vendiera ninguna mina. Relata Espinosa Iglesias:

El comprador de Frisco fue de nuevo Carlos Slim, quien además de ser propietario de la casa de bolsa Inbursa, de Cigatam —dueña a su vez de Marlboro—, y de algunas acciones de Sanborns, para ese entonces tenía también las otras empresas que yo le había vendido. El ingeniero Slim es un hombre extraordinariamente capaz y emprendedor, y me da una gran satisfacción que cuando menos parte de lo que conseguí hacer con mi trabajo haya terminado en las manos de un hombre capaz.

La adquisición de las empresas de lo que fuera el emporio de Espinosa Iglesias consolidaron al Grupo Carso como un gigante proyectando a Slim como uno de los megarricos.

La vieja guardia del empresariado de alguna forma ha estado aprendiendo de Slim quien incrementó de una manera inconmensurable su fortuna a partir de los noventa. El ahora hombre más rico de México empezó a crear su gran capital en el boom de la bolsa, en los ochenta. Así, mientras muchas de las familias industriales atrincheradas por la crisis restructuraban su deuda y vendían en un mercado a la baja, Slim devoraba compañías baratas y establecía su control con participación minoritaria. Desde su trinchera en la bolsa de valores, se extendió y compró cobre, llantas, seguros, tabaco, compañías empacadoras y la cadena Sanborns. Pronto el país se le empezó a hacer chico y cuando no pudo encontrar en Cuernavaca una casa que le gustara, compró un lujoso campo de golf y se mudó a la casa del club donde empezó a invitar a sus amigos.

Aprovechó al máximo los consejos de su amigo Espinosa Iglesias, quien hacia una recomendación: estar cerca de los políticos. "Yo nunca quise y así me fue..."

~

La creación del Grupo Industrial Carso está vinculada a la casa de bolsa Inbursa, creada en 1965 y la que al paso de los años se convirtió en el pilar de Grupo Financiero Inbursa bajo la dirección de su principal accionista, Carlos Slim Helú.

El grupo inició conformado así: Cigarros la Tabacalera Mexicana, que se dedica a la manufactura y venta de los cigarrillos más consumidos en el país, y que va para todos los gustos y posibilidades: Marlboro, Benson & Hedges, Baronet, Commander, Dalton, Elegantes, Delicados,

157

Faros, Parliaments, Phillips Morris, Virginia Slims, Cambridge, Merit y Saratoga. Sanborns, que opera una cadena de más de cien tiendas de "servicio completo" que combina ventas al menudeo con servicios de restaurante y bar; Sanborns además opera en la red de restaurantes Denny's.

Industrias Nacobre, uno de los fabricantes de productos de cobre y aleaciones más grande de Latinoamérica, cubre gran parte de las necesidades de esos productos en las industrias de construcción, automotriz, refrigeración, electricidad, electrónica y generación de energía eléctrica. Nacobre fabrica y comercializa las llantas Euzkadi y Goodrich. También las bicicletas Bimex.

Otras subsidiarias del Grupo Carso son: Empresas Frisco, que a su vez controla otras cinco mineras que extraen principalmente cobre, plata, plomo y zinc, y es líder en la producción de ácido flourhídrico y sulfúrico, imprescindible en la elaboración de gasolinas, fluorocarburos refrigerantes, bulbos fluorescentes, aluminio, acero inoxidable, explosivos y fertilizantes. Loreto y Peña Pobre, que opera tres fábricas de papel, es líder en la fabricación de toallas desechables para baños públicos; elabora papel higiénico, servilletas y pañuelos faciales y también papel bond. Porcelanite fabrica y comercializa losetas de cerámica para pisos y pared, hace también pisos de vinyl y es el tercer productor más grande de losetas de barro en el país.

Nacional de Dulces es líder en la fabricación de chocolates y dulces duros; distribuye los chocolates Hershey's y los dulces Luxus. Artes Gráficas Unidas (Agusa) elabora empaques laminados que surte a las compañías productoras de alimentos. Entre sus principales clientes están Adams, Nestlé, Richardson Vicks, Productos de Maíz y Anderson Clayton. Los empaques en donde se venden los panes y pastelillos Bimbo son fabricados por Agusa. Galas fabrica y vende papel para envolturas y etiquetas para artículos de consumo y regalos.

En materia de servicios financieros, Carso —es decir, Slim— comprende Seguros de México, la casa de bolsa Inbursa y contaba con una participación accionaria muy importante en los bancos Serfín, Comermex, Banamex, Somex, Bancomer e Internacional, vendidos por el gobierno. En hotelería tiene Real Turismo, adquirida por inmuebles Cantabria —que es del grupo— y que opera los hoteles Calinda.

Para el investigador de la UNAM Carlos Morera Camacho, especialista en el estudio del Grupo Carso, referirse a este consorcio es hablar del nuevo capital financiero en México, por lo que no puede desvincularse de Inbursa, puesto que es el eje de la reagrupación de los otrora banqueros Espinosa Iglesias y Cosío Ariño quien fuera uno de los principales accionistas de Banamex. No puede tampoco separarse del apoyo gubernamental, ni de su asociación estratégica con otros grandes capitalistas, nacionales y extranjeros.

En otras palabras referirse a Inbursa y Carso es hablar de un complejo conjunto de nuevas relaciones económicas de producción y de poder que no existían antes de la nacionalización de la banca.

Como conglomerado, el Grupo Carso mantiene inversiones en los sectores de la economía mexicana de la siguiente manera: 24.9% en telecomunicaciones (Telmex como empresa asociada); 8.3% en la minería (Frisco); 44% en la industria manufacturera, distribuidos como sigue: 7.1% en la producción de cigarros (Cigatam), 36.1% en la producción de maquinaria y equipo (Nacobre, 14.4%, que incluye el 21.75% de aluminio Corp.; 13.9% de Condumex y 7.9% de Industrial Llantera, la cual adquirió 100% de las acciones de General Tire de México, y 50.1% de la Compañía Hulera Euzkady); 1.8% en el ramo de la construcción (Porcelanite y Cementos Moctezuma, empresa asociada); 11.7% en el comercio en tiendas de ventas al menudeo (Sanborns, Denny's, Discolandia, Mixup); 5.5% en Inmuebles Cantabria (incluye el Club Raqueta de Cuernavaca), y 12.63% en servicios financieros (Seguros de México S.A. de C.V.). Con excepción de Telmex, que es la gran empresa asociada de Carso, y Cementos Moctezuma, todas las demás son parte del grupo.

Una de las claves en la proyección de los negocios de Carlos Slim fue el recurrir, como la gran mayoría de los empresarios, a los apoyos del Fideicomiso para la Cobertura de Riesgos Cambiarios creado durante el gobierno de Miguel de la Madrid.

El especialista Jorge Basave Kunhardt, autor de los *Grupos de*

Capital Financiero en México (1974-1995), describe cómo los empresarios exprimieron al máximo el FICORCA para hacer negocios triangu-
lados con el apoyo del Estado.

El programa FICORCA fue un éxito en cuanto a los objetivos para
los que fue diseñado, pero su impacto económico y social más
amplio no puede ser evaluado exclusivamente en su reducto.
Los recursos para que el gobierno federal absorbiera los cambios de paridad que de ahí en adelante acrecentaron la deuda
privada externa hasta 1982 (devaluación brusca de 1987 y des-
lizamiento del peso) se obtuvieron con el crítico incremento de
su deuda interna.

Por dicha deuda se pagaron altísimas tasas de interés, precisamente al capital invertido por particulares y las empresas privadas cuyos excedentes de tesorería fueron liberados del pago
a su acreedores externos.

Con la expropiación de la banca parecía que se había expe-
rimentado en México una nueva división de funciones financieras entre el sector público y el privado que alteraba la que había
persistido durante más de cincuenta años. En los hechos así su-
cedió, aunque parcialmente.

Hubo un ámbito de control que se cedió al sector privado y
que representaba un espacio de revalorización del capital que
se ajustaba a las nuevas condiciones de la crisis, en la cual los rendimientos financieros superaban, considerablemente, a los rendimientos empresariales productivos. Fue el mercado de valores
operado por medio de las casas de bolsa. Hasta entonces éste
había sido un mercado virtualmente subutilizado y sumamente concentrado, pero a partir de ese momento, ampliando su
nivel de concentración, se convirtió simultáneamente en un eje
de inversión de los recursos de la tesorería liberados en las empresas a causa del FICORCA, y en un centro neurálgico de las finanzas internas del país que lo transformaban previsiblemente en un
centro concentrador de poder económico-político que tendría
pocas cosas que envidiarle a la desaparecida banca privada.

Todo parece indicar que al entregar el control completo del mercado de valores a las casas de bolsa, el Estado preveía dos posibilidades (o una combinación de ambas).

La primera consistiría en que los excedentes de la tesorería que se consiguieran a partir de los grupos del FICORCA serían dirigidos a inversiones productivas, lo que traía consigo una ampliación de la recaudación fiscal a corto plazo.

La segunda sería la inversión de dichos excedentes en Certificados de la Tesorería (Cetes) que cubrirían las necesidades de financiamiento urgentes del gobierno, entre otras cosas debido a la implementación del FICORCA y su propia deuda externa.

El Estado tenía grandes expectativas de que la inversión productiva también se llevaría a cabo. De ahí que los plazos iniciales de amortizaciones del FICORCA fueran previstos para seis a ocho años y hacia 1986 se soltaron amarras a la política económica. Esto resultó prematuro, y los plazos del FICORCA tuvieron que renegociarse hasta doce años.

Por su parte, el mercado accionario controlado por las casas de bolsa tuvo un espectacular desarrollo; en 1986 un año antes del crack, el índice de precios y cotizaciones había crecido 321%. Ese año cuatro casas de bolsa (Acciones y Valores de México, Inverlat, Operadora de Bolsa e Inversora Bursátil, esta última propiedad de Carlos Slim) controlaban 65% del mercado bursátil.

De acuerdo a las investigaciones de Basave Kunhardt, ante las ganancias extraordinarias de estos clanes financieros se puede afirmar que

> [...] la mayor parte de los recursos de tesorería de los grupos que invirtieron en el mercado de valores fueron al mercado de dinero, principalmente en Cetes.
> En menor medida invirtieron en el mercado accionario, en este sentido la inversión especulativa directa por parte de las empresas fue muy reducida en términos relativos. El verdadero aprovechamiento de la sobrevaluación del mercado accionario por parte de las empresas se realizó por la vía indirecta más eficaz, representada por el auge de emisiones primarias en una coyuntura de altos precios.

161

La plétora de inversiones netamente especulativas deben en cambio ubicarse en la compraventa de acciones realizadas por los empresarios como personas físicas y por las casas de bolsa por cuenta propia. A este respecto debe agregarse que además de la coyuntura alcista del mercado, fue aprovechada con creces la inexistencia de disposiciones legales y controles suficientes sobre el uso de información confidencial.

Con el apoyo del FICORCA los grupos empresariales en México terminaron por implementar una estrategia de inversión financiera que les produjo igualmente enormes ganancias, pues optaron por abandonar drásticamente la inversión productiva con el consecuente retraso en sus niveles de productividad.

Carlos Morera Camacho autor de *El capital financiero en México y la globalización límites y contradicciones*, establece que

[...] la creación del FICORCA, impulsó el mercado de valores y con ello instrumentó la especulación financiera de los grandes grupos con el propósito de sanear a los grupos más endeudados al haber convertido la deuda privada en pública y, mediante la emisión de deuda, socializar el costo de su pago mediante la puesta en marcha de los programas de ajuste a la sociedad en su conjunto.

Así, durante los primeros años del FICORCA (1983-1987), expone Morera Camacho, se inició el fortalecimiento interno del Grupo Carso mediante las empresas adquiridas por la casa de bolsa Inbursa, el instrumento que le permitió la apropiación de cinco de sus siete filiales. Uno de los indicadores más sobresalientes en este periodo fue el volumen de ganancias obtenidas por Inbursa. Su posición estratégica como casa de bolsa le permitió posesionarse de la propiedad y el control accionario de las emisoras Frisco, Cigatam, Loreto, Euzkadi, Nacobre y Sanborns y a partir de ahí acceder a las ganancias financieras e industriales de éstas. Para comprender la magnitud del significado de este cambio, basta señalar que en 1987 el conjunto de utilidades (financieras y de operación) de estas emisoras fue del orden de 199,437 millones de pesos que en comparación con las utilidades de la casa de Inbursa para ese mismo año, representó 41.1% del conjunto de utilidades de todas las casas de bolsa. Entre las emisoras, especial mención merece Frisco, que obtuvo 1.5 veces más utilidades que Inbursa y 3.85 veces más que las utilidades de operación de la empresa.

Las enormes inversiones financieras realizadas en ese periodo, 2,305 millones de nuevos pesos actualizadas a 1992, contrastan con las inversiones productivas, en el mismo periodo, del orden de 609 millones de nuevos pesos, lo que redituó enormes utilidades financieras. Entre las emisoras que sobresalen se ubican Frisco y Cigatam, la primera en 1987, cuando obtuvo 290.3 millones de nuevos pesos de utilidad financiera, contra 75.5 de utilidad de operación; Cigatam por su parte, sobresalió en 1986 al haber obtenido una utilidad financiera de 209.4 millones de nuevos pesos contra 41.1 de utilidad de operación. Esas enormes utilidades les permitieron a casi todos liquidar sus adeudos, contrarrestar las caídas de sus utilidades de operación y ampliar considerablemente su escala de actividad. Los resultados de las seis emisoras controladas por Inbursa durante este periodo ilustran la afirmación anterior.

Con el propósito de ilustrar desde un punto de vista integral la forma que adoptó el elemento especulativo en el proceso de acumulación es necesario explicar que fueron sumadas las ganancias financieras no incorporadas en el cálculo del costo integral de financiamiento, como la emisión primaria, el superávit en la compra de acciones, con el resto de las ganancias financieras, aumento de precios y cambiarios, que pueden compararse con las utilidades de operación.

Los resultados observados entre 1984 y 1987, al incorporar los efectos monetarios y cambiarios a los resultados financieros, en todos los casos los grupos se vieron beneficiados. En los casos de Cigatam y Frisco tal relación resulto positiva en 1986 y 1987; para Cigatam, cuando variaron de 2.40 a 5.09 veces, y para Frisco cuando variaron en 1986 de 0.89 a 1.17 veces y en 1987 de 2.07 a 3.85 veces.

En los caso de Loreto y Peña Pobre, Euzkadi, Nacobre y San-

163

borns, la relación resultó negativa porque las obligaciones financieras fueron mayores que las ganancias financieras. Sin embargo, en estos casos la incorporación de los efectos cambiarios, monetarios y especulativos les permitió disminuir la relación en todos los años y en todos los casos, lo que quiere decir que contribuyó a que el grupo disminuyera sus operaciones financieras.

Es en estas condiciones que la casa de bolsa Inbursa adquirió Frisco, Cigatam, Lypps, Euzkadi, Nacobre y Sanborns, aprovechando las extraordinarias ganancias financieras obtenidas en esos años, el acceso al crédito y el derrumbe de las cotizaciones accionarias por el crack bursátil de 1987. Las grandes adquisiciones de 1983-1989 fueron posibilitadas por la crisis económica y su repercusión entre las empresas adquiridas entre 1974-1982; con excepción de Frisco y Sanborns, los grupos enfrentaban un severo endeudamiento. El monto de este último había crecido entre cuatro y seis veces, y ello era particularmente agudo en casos como Loreto y Peña Pobre, Euzkadi y Nacobre, cuyos pasivos crecieron 1950, 208 y 57%, respectivamente. Como resultado de la caída de las ventas a partir de 1980, los años de 1982 y 1983 habían sido de fuertes pérdidas.

Especialista en los grupos de capital financiero en México, el doctor Morera Camacho ha investigado durante más de un decenio la evolución del Grupo Carso creado formalmente en 1990 con las empresas adquiridas durante la década de los ochenta y durante el primer trienio de los noventa cuando el magnate Carlos Slim realizó inversiones patrimoniales por 4 mil 266.9 millones de nuevos pesos en 1992 y en ese mismo año adquirió 5.166% de las acciones "AA" y 5% del conjunto de las acciones de Telmex, para lo cual recurrió al financiamiento otorgado por el gobierno federal (por un monto de 426 millones de dólares, a una tasa de interés de 10.68%, y un plazo de seis meses).

Con la adjudicación del paquete de control y la inversión de 5% de cada uno de sus principales socios extranjeros-tecnólogos, France Cable et Radio y South Western Bell International Holding Co., y de

Seguros México (1.8%) y 33 inversionistas mexicanos para adquirir el 20.4% del capital de Telmex (incluido el de Carso), representado por acciones "AA", pudo adjudicarse 51% de los votos de la asamblea de accionistas. El monto total por la operación de compraventa del paquete de control, 20.4% de su capital social, ascendió a 1,734 millones de dólares en acciones "AA". De ese porcentaje, las acciones compradas por los inversionistas nacionales, equivalentes al 10.4 % de la empresa, se adquirieron mediante financiamiento. Por su parte, los inversionistas extranjeros compraron de contado.

La articulación de la propiedad y el control accionario de Telmex por parte de Carso y por medio de Inbursa tuvo un resultado sorprendente. La casa de bolsa Inbursa con poseer el 0.4% del capital del Grupo Carso a cuenta propia y manejar el 82.8% a cuenta de terceros, garantizaba el control de Carso y obtenía recursos a favor del grupo. Por su parte Carso controlaba a Telmex con sólo el 5.16% del capital de la misma. Con lo cual Inbursa, a través del control mayoritario del Grupo Carso, pasaba a controlar indirectamente a Telmex. De esta manera culminó una de las más importantes operaciones financieras de la historia de México. Desde luego, Carlos Slim mantiene una posición privilegiada tanto en el Grupo Financiero Inbursa como en el Grupo Carso.

La adquisición de Teléfonos de México fue el acontecimiento más relevante en la historia del grupo por varias razones: primero, porque con ello se inicia una modalidad de inversión productiva en el sector real (el de telecomunicaciones) a partir de un nuevo tipo de asociación patrimonial global, que sigue el derrotero de la nueva modalidad de la inversión extranjera en México, el cual se corresponde con la globalización de la economía mundial. Segundo, porque nunca, en la historia de los grupos, se había expresado la socialización del capital y la centralización de control de modo tan extraordinario, a partir de un manejo tan amplio de capital ajeno como propio y de semejante socialización de los riesgos. Y tercero, porque junto con la operación se garantizó el control oligopólico del mercado interno hasta agosto de 1996, al no otorgarse ninguna concesión adicional para el servicio telefónico de larga distancia.

En cuanto al capital financiero mexicano como tal (considerado en su conjunto), la nueva modalidad de propiedad y control accionario establecida en el país abrió paso a un ciclo inédito que vincula todas las formas que adopta el capital (dineraria, productiva y comercial). A partir de él, la combinación de los grupos Carso e Inbursa para encarnarse de ese proceso, dando lugar a fenómenos tales como el financiamiento del 70% de las empresas adquiridas en 1992. En julio y agosto de ese año adquirió Aluminio y Condumex.

Pero la expansión del grupo de Slim no concluyó allí; en enero de 1993 adquirió 99.9% de General Tire de México, que junto con Euzkadi conforman ahora la nueva filial del grupo denominada Corporación Industrial Llantera, que reúne a las empresas de este sector y en septiembre de 1993 le autorizaron la creación de un banco de cobertura nacional, el cual se integra al Grupo Financiero Inbursa.

Si bien es cierto que el origen de la actividad empresarial de Carlos Slim se remonta al decenio de los setenta, es hasta el de los ochenta cuando se transforma en uno de los financieros y empresarios más importantes de México. Su gran desarrollo es principalmente el resultado de las reorganizaciones de los grupos a partir de 1983, por lo que no resulta demasiado pertinente la afirmación del propio Slim de que "los hechos son que Carso desde 1981 era muy fuerte, continuó aceleradamente su crecimiento y para 1986 tenía, salvo Telmex y las compras de 1992, todas las empresas que forman el grupo".

El Grupo Financiero Inbursa se constituyó formalmente en octubre de 1992, aunque su origen se remonta a la casa de bolsa Inbursa, creada en 1965 y que logró una notable presencia a partir de 1983. La aseguradora y afianzadora las adquirió después de la nacionalización de la banca y en 1993 creó la arrendadora y el banco. El capital contable del Grupo Financiero Inbursa está invertido de la siguiente manera: Seguros de México, S. A., 51.7%; Inversora Bursátil 25.12%; Arrendadora Inbursa, 10.46%; Banco Inbursa, 8.82%; La Guardiana, compañía general de fianzas, 2.85%, y Servicios Inbursa, 0.01%.

¿Cómo fue posible este cambio, que en poco menos de tres lustros lo llevó a constituirse en el grupo de capital financiero más poderoso de México? ¿Qué papel desempeñó la casa de bolsa Inbursa, hoy Grupo Financiero Inbursa, en este nuevo poder y que vínculo existe entre ellos? ¿Qué características tiene este fenómeno? ¿Cuál era la situación de la estructura productiva y financiera y la forma de operar de los grupos que hoy lo conforman? ¿Qué cambios ha habido en relación con la propiedad y el control accionario de los viejos grupos privados y públicos de capital financiero que hace apenas diez años pertenecían a la vieja oligarquía y que hoy integran el Grupo Carso y el Grupo Financiero Inbursa bajo la figura de Carlos Slim?

En el desarrollo de las empresas de Slim como principal grupo empresarial de México se aprecian dos momentos fundamentales: 1983-1989 y 1990-1992. El primero está vinculado a su origen y expansión interna, a partir de la casa de bolsa Inbursa, que es el instrumento que le permitió la apropiación de cinco de sus siete filiales. El segundo periodo (1990-1992) como conglomerado Carso está vinculado directamente a la privatización de Telmex y a la transnacionalización del grupo. Como casa de bolsa, Inbursa está vinculada, junto con la aseguradora y la afianzadora, adquiridas después de la nacionalización, a la constitución del Grupo Financiero Inbursa. Posteriormente, crea la arrendadora y el banco y los integra al grupo.

Uno de los aspectos de este grupo estructurado alrededor de la casa de bolsa Inbursa que contrasta con la inmensa mayoría de las demás casas de bolsa es la elevada concentración, en la estructura del capital accionario, en manos de una sola persona: nos referimos a Carlos Slim Helú, quien desde sus orígenes ha conservado la mayoría del paquete accionario. En 1986 poseía el 61.9% del capital contable de la mencionada casa de bolsa. Con esta estructura de capital, Slim se colocó en una posición privilegiada para ejercer las decisiones que desde 1983 le permitieron dinamizar la centralización patrimonial de este grupo, y aunque para 1991 aparece la propia casa de bolsa como dueña de sí misma, la situación prevalece en lo sustancial.

Slim inició la adquisición de compañías quebradas en 1976 cuando compró Galas de México. Ésta era una empresa dedicada a la transformación de papel que fue restructurada a partir de su adquisición para conformar varias empresas relacionadas directamente con el ramo y vinculadas patrimonialmente por medio del holding Grupo Galas de México, que pasó como filial de la casa de bolsa Inversora Bursátil. Para incrementar su propio capital recurrió a la emisión accionaria de sus diversas empresas y, posteriormente el grupo se fusionó con otras y adquirió Artes Gráficas Unidas.

Otra de las empresas importantes de Slim es Invercorporación, S.A. de C.V., creada para nuevos procesos de privatización de ferrocarriles, petroquímica y electricidad.

En el transcurso de 1984 a 1987 la casa de bolsa Inbursa adquirió las siguientes empresas: Fábrica de Papel Loreto y Peña Pobre, Hulera Euzkadi, Sanborns, Industrias Nacobre y Compañía Minera Frisco, y reclutó a socios importantísimos, como Manuel Espinosa Iglesias y la familia Cosío Ariño. El primero poseía 54.39% de las acciones de Minera Frisco y hasta la nacionalización de la banca fue presidente del Grupo Bancomer. La familia Cosío Ariño había sido copropietaria prominente de Banamex y Bancomer y otros varios consorcios industriales, entre los que destacan Corporación Industrial San Luis, Condumex y Cermoc.

El inventario de Slim aumentó vertiginosamente en la década de los noventa, posicionándose en los sectores manufacturero, minero, comercial, telecomunicaciones y servicios, aunque el gran salto del grupo se realizó con la adquisición de Teléfonos de México en una operación financiera de alta sofisticación con base en alianzas estratégicas con capital extranjero.

El poder de Slim ha rebasado las fronteras del país. El magnate es uno de los contados mexicanos que forma parte del consejo directivo de la empresa trasnacional Southwestern Bell —asociada a Telmex— y ubicada a la mitad de la tabla de las cien empresas más importantes del mundo, además Slim fue invitado a pertenecer a la junta directiva de la multinacional Philips Morris Corporation.

Ante la fuerza de su inconmensurable poder económico Slim encabeza a las veinte grandes familias propietarias de los principales grupos financieros en México, y ha decidido expandir su imperio hacia otras latitudes. Entre las compras de los últimos años destacan la de Prodigy en Estados Unidos al adquirir 60% de su capital a través de International Wireless, empresa clave en el lanzamiento de Carso Global Telecom; compró en sociedad con Telmex, Microsoft y SBC Communication el 100% de la cadena de tiendas CompUSA; adquirió 60% de las acciones de Conecel, la empresa de telefonía celular de Ecuador; compró en asociación con Bell Canadá 40% de las acciones de la compañía celular Techtel de Argentina; llevó a Telmex a cotizar en el mercado europeo Labitex; y por si fuera poco se asoció con el hombre más rico del planeta, Bill Gates, presidente Microsoft, para crear el portal T1msn.

Slim y Gates incursionaron también en Apple Computers, el empresario mexicano adquirió 3% de las acciones y el estadunidense realizó una pequeña inversión de 150 millones de dólares.

Basados en la proyección de los usuarios de Internet en América Latina, y en la tendencia de que éstos pasarán de 22 millones en el 2000 a 77 millones en el 2005, Gates y Slim adquirieron en 50 millones de dólares, mediante T1msn, la totalidad de las acciones de Yupi.com el portal en español cuyo mercado cuenta con 100 millones de suscriptores en todo el mundo.

En Nueva York la Comisión de Bolsa y Valores reportó una inversión de Slim por 52.8 millones de dólares en la compra del 9% de las acciones de CDnow, una tienda de música por Internet que enfrentaba problemas financieros.

Compró también 7.5% de Office Max, cadena estadunidense de materiales y artículos de oficina con operaciones en Estados Unidos y Japón. También adquirió en la bolsa neoyorkina 12.2 millones de acciones, 5.9% del valor total de Circuit City, la segunda cadena más importante que vende artículos electrónicos en Estados Unidos y adquirió acciones de la cadena de tiendas departamentales Dillard's. A su inventario sumó 7% de las acciones que adquirió de la cadena de establecimientos departamentales Saks Inc. controladora de la legendaria tienda Saks Fifth Avenue.

Es propietario de 24% del capital del Topp Telecom, empresa de servicio celular en Estados Unidos y 19.5% de Cellstar. Compró Williams Communications y asumió el control de Comm South Companies.

Constituyó la subsidiaria Telmex USA y adquirió Cellular Comunications de Puerto Rico; compró, junto con SBC, 50% de la operadora celular brasileña Algar Telecom Leste y mediante Telmex que posee 17.5% de Firts Mark, recibió licencia del gobierno español para ofrecer servicios de telefonía fija inalámbrica, además posee el control de Telgua, la empresa telefónica de Guatemala, e inversiones telefónicas en varios países de América Latina.

Se dio el lujo de rescatar a Televisa de una crisis financiera que amenazaba con vender parte de su capital a inversionistas extranjeros. Slim a través de banco Inbursa adquirió 24% de las acciones con derecho de voto, participación accionaria que pertenecía a los Diez Barroso y Miguel Alemán Velasco. No es fortuito que el principal noticiario de esa televisora lleve como telón de fondo un gran letrero con la leyenda de Telmex para ser visto permanentemente por los espectadores durante todo el programa.

Controló también 49% de las acciones de Cablevisión y buscó deshacerse de 25% de su parte para recuperar su inversión y estableció negociaciones para adquirir 49% de la empresa integradora de redes Consorcio Red Uno, empresa que apoya a Telmex en la modernización tecnológica en cuanto a comunicación de datos y mediante Telcel, la principal subsidiaria de América Móvil, una de sus empresas que operan en nueve países y tiene un listado de alrededor de 22 millones de suscriptores, de los cuales la quinta parte se encuentra en México.

Fue autorizado también por la Comisión Federal de Competencia para adquirir a través de Inbursa 40% del capital de Medcom, la nueva televisora del sistema directo de satélite DTH y 49.5% de la cadena radiofónica de Grupo Acir, pero desinvirtió lo mismo que en TV Azteca donde había canalizado 100 millones de dólares, empresa de cuya facturación total el 10% es aportada por las empresas de Slim.

Le compró a Pulsar Venture Group la totalidad de las acciones de Kb-Tel Telecomunicaciones, la empresa de telefonía inalámbrica del grupo regiomontano que encabeza Alfonso Romo.

A través del Grupo Sanborns con una inversión de 100 millones de pesos adquirieron 20% del capital del grupo Gomo y pagó 103 millones de dólares en efectivo por el 60% de las acciones de la subsidiaria en México de Sears Roebuck and Company.

En la expansión de sus empresas, Condumex —una de las pocas empresas mexicanas con inversiones directas en Cuba— adquirió 33% de la firma española Cablena, Porcelanite compró Ital Gres y Nacobre adquirió Aluminio Conesa.

Afanosamente buscó meterse de lleno en las inversiones de los ferrocarriles asociado con ICA en la puja por la ruta México-Laredo, aunque inicialmente fue impedido de participar en ese rubro, logró 40% de las acciones del Ferrocarril del Sureste y adquirió el proyecto carretero Chamapa-La Venta, que era propiedad del Grupo Tribasa.

Tan sólo en su reporte 2000, la revista *Latin Trade* ubicó luego de la petrolera brasileña Petrobras a Telecom Carso Global, principal accionista de Telmex, como la segunda empresa con mayores ganancias en Latinoamérica al facturar en ese año 13 mil millones de dólares.

Inmerso en un sinfín de actividades, el grupo empresarial de Carlos Slim legalmente podría haberse adjudicado el Registro Nacional de Vehículos, por haber sido Carso el segundo postor, luego de la concesión otorgada al empresario Henry David y su socio el torturador Ricardo Miguel Cavallo, uno de los siniestros personajes de la dictadura militar argentina.

❧

Carlos Slim comprobó que hacer negocios en Estados Unidos no es tan fácil como en México.

Empresarios estadunidenses iniciaron un proceso judicial contra Slim por presuntos delitos de conspiración y fraude. Un jurado determinó que el magnate debía de pagar un monto de 454 millones de dólares como reparación del daño.

La denuncia fue presentada por la compañía COC Services Ltd. con sede en Dallas, Texas, y en ella exigía pagos compensatorios por daños directos de 200 millones de dólares y hasta 400 millones de dólares en multas.

De acuerdo al expediente del caso, cuando el Grupo Carso y Sanborns adquirieron CompUSA a finales de 1999, el entonces presidente y director ejecutivo de esta compañía James Halpin había establecido un convenio comercial con COC Services Ltd., mismo que no fue respetado por los nuevos adquirentes de CompUSA incurriendo en conspiración y fraude al establecer acuerdos con terceros.

Los acuerdos consistían en abrir establecimientos de la empresa de los demandantes en México, aunque COC Services Ltd. tenía los derechos exclusivos de franquicia de las tiendas CompUSA en territorio mexicano. Esto implica que CompUSA trató de cancelar ilícitamente el acuerdo que tenía con esa empresa desde el 31 de diciembre de 1999.

El caso iniciado en el tribunal número 2 del condado de Dallas lo resolvió un jurado del 116 distrito de la corte estatal en Dallas y en febrero de 2001, se determinó que Slim Helú y el presidente y director de CompUSA, James Halpin, se asociaron para bloquear el ingreso de la compañía COC Services Ltd. al mercado mexicano de computadoras personales.

El daño económico por reparar a favor de COC Services Ltd. ascendía a 454 millones de dólares, divididos de la siguiente manera: James Halpin, quien fuera presidente ejecutivo de CompUSA debía de pagar 175.5 millones de dólares; CompUSA 94.5 millones; Slim, 67.5 millones, y 27 millones de dólares los grupos Sanborns y Carso.

El asesor legal de las empresas de Slim, Rafael Robles y Carlos Slim Domit, presidente tanto de Carso como de Sanborns apelaron la decisión del jurado.

El caso se prolongó hasta el 18 de mayo de 2001 y el juez Carlos López, de la corte de distrito estatal de Dallas impuso una multa por 121.5 millones de dólares, desglosados de la manera siguiente: 31.5 millones de dólares por daños efectivos y 90 millones de dólares por daños punitivos.

El abogado de COC Services Ltd. Mark Werner, adujo que "el

mensaje de este veredicto es que en esta economía global, las empresas deben respetar las reglas estadunidenses si vienen aquí".

Es indudable que este proceso legal le provocó fuertes dolores de cabeza a Carlos Slim. Los voceros de Sanborns advirtieron que iban a continuar las acciones legales para lograr la exoneración completa de las acusaciones. El camino a seguir por los abogados de CompUSA advirtieron que sería: primero, a la corte de apelaciones de Dallas y en caso adverso proseguir el juicio ante la Suprema Corte de Justicia de Texas, lo que implicaría no sólo un camino muy largo sino también muy costoso para el Grupo Carso.

Los expertos de Wall Street, como Merrill Lynch, Salomon Smith Barney y Deutsche Bank inicialmente tuvieron una recepción positiva, pero al poco tiempo empezaron a cambiar de percepción sobre el futuro de CompUSA.

Los analistas de la correduría Merrill Lynch fueron contundentes en su apreciación. En un reporte fechado en junio de 2001 diagnosticaron que la inversión de Carlos Slim en CompUSA, "prácticamente ya no tiene valor".

∿

La información privilegiada siempre ha redituado multimillonarias ganancias a los "hombres de negocios"; a los representantes del smart money, a los que huelen y saben dónde está el dinero. La manipulación de información privilegiada abundó en el fraude bursátil de 1987 que quedó impune. La Procuraduría General de la República tenía listas cuarenta y dos consignaciones contra dueños y funcionarios de casas de bolsa que por razones políticas no prosperaron.

Tres meses después —febrero de 1989— de que Carlos Salinas asumiera su mandato les envió una señal clara a los empresarios a través del entonces subsecretario de Hacienda, Guillermo Ortiz Martínez, quien tranquilizó a los casabolseros: "A partir de hoy vivimos otro mercado de valores: no hay ni habrá cacería de brujas. Hasta aquí queda el asunto por presuntas violaciones a la Ley del Mercado de Valores. En este sentido se dobla ya la hoja". El único que pagó los platos rotos por todos fue Eduardo Legorreta Chauvet, presidente de Operadora de Bolsa, quien fue procesado por fraude.

El abuso en el manejo de información privilegiada es como una parte de la segunda naturaleza de los empresarios.

El caso de CompUSA sacó a relucir un escándalo que provocó revuelo internacional.

El influyente *The Wall Street Journal* destapó la cloaca al revelar que durante la primera semana de mayo de 2001, la Comisión de Bolsa y Valores de Estados Unidos (SEC) formuló acusaciones que involucran a acciones de empresas que cotizan en la Bolsa de Nueva York.

Según la investigación, entre los implicados se hallaba el abogado financiero Alejandro Duclaud González, miembro de la firma Franck, Galicia, Duclaud y Robles asesores de las empresas de Slim.

Los pormenores de las investigaciones detallan que en los hechos estaban implicados Duclaud y otros miembros de su familia, entre ellos José Antonio Duclaud, miembro de la firma Duclaud Abogados de Cancún y hermano de Alejandro Duclaud; Rodrigo Igartua, presidente de SB Asesores. Así, como Pablo Vázquez Baranda, Maricruz Lozano, Elvira Baranda, Martha Baranda, identificados como familiares de Alejandro Duclaud y de Ana Igartua Baranda de Duclaud.

Esa situación provocó el congelamiento de bienes del Grupo Sanborns por un monto de seis millones de dólares en corredurías por parte de la Comisión de Valores de Estados Unidos para cubrir los cuatro millones de dólares que se estima obtuvieron en forma ilícita, en adición a posibles multas.

Los acusados en el caso supuestamente empezaron sus negociaciones el 6 de enero de 2000, al comprar 325 mil acciones de CompUSA a 5.25 dólares cada título. Luego adquirieron 546 mil acciones adicionales en dos sesiones, el 19 y 20 de enero, días antes de que el Grupo Sanborns y CompUSA anunciaran una oferta de 10.10 dólares por título.

La oferta de adquisición, anunciada antes de la apertura de la bolsa el 24 de enero, provocó una alza de las acciones. En dos días los acusados supuestamente vendieron todas sus acciones de CompUSA, con lo que obtuvieron ganancias por casi cuatro millones de dólares.

Los Duclaud utilizaron cuatro empresas off shore en las operaciones para apropiarse del dinero. Dichas empresas involucradas se denominan Anushka Trust, Caribbean Legal Trust, Antares Holdings Investment Ltd. y Banrise Ltd. BVI.

De acuerdo a *The Wall Street Journal*, "las acusaciones de abuso de información privilegiada han abundado durante largo tiempo en México, donde grupos familiares suelen ser dueños de 90% de las acciones de una empresa que cotiza en bolsa, pero raras veces se castiga".

El escándalo por el uso de información privilegiada también agarró con las manos en la masa a un conspicuo personaje del salinismo, el empresario Claudio X. González, integrante del Consejo de Administración del Grupo Carso y exasesor en materia de inversiones extranjeras de Carlos Salinas de Gortari y de Ernesto Zedillo.

En un reporte de *The Wall Street Journal* fechado el 18 de mayo de 2001 se reveló que Claudio X. González hizo uso de información privilegiada para obtener ganancias por 336 mil dólares con la compra de CompUSA.

El influyente rotativo neoyorquino señaló que Claudio X. González compró una participación de 0.1% en CompUSA, meses antes de que Sanborns hiciera una oferta pública por las acciones del minorista estadunidense de computadoras.

Y el empresario vendió su participación en CompUSA después de que la empresa fue adquirida por Sanborns. Cuando las acciones habían duplicado su valor.

La política como hobby

Dinero, los códigos del poder

En el sistema mexicano políticos y empresarios forman parte de la misma estructura y a la vez se disputan el poder. Tras la expropiación de la banca en el gobierno de López Portillo, los hombres del dinero asumieron un papel más activo y en dos décadas llegaron a desplazar a los políticos en la conducción del Estado. Por la determinación de quitarles los bancos a los empresarios el expresidente López Portillo confió en su autobiografía *Mis Tiempos* que "mis compatriotas me creen malo y perverso".

Sin embargo, los tecnócratas siguieron los pasos de Lyndon B. Johnson, quien sostenía que los hombres del poder político debían coptar a los hombres del dinero porque son más peligrosos que los políticos de oposición. Johnson afirmaba: "prefiero tenerlos orinando dentro de mi casa hacia afuera, que afuera orinando hacia dentro".

La derrota del PRI en las históricas elecciones del 2 de julio de 2000 fue el corolario de una lucha compleja. Por una parte, el éxito de los empresarios en la política trastornó las reglas del juego y, por otra, los tecnócratas fueron el puente en el desplazamiento de los políticos para dar paso a la elite de los plutócratas.

Carlos Slim Helú se erigió como uno de los plutócratas más influyentes en el nuevo sistema político del país.

En el sexenio de Carlos Salinas de Gortari, Slim emergió como el hombre más rico de México, por eso durante su campaña presiden-

177

cial Luis Donaldo Colosio le hizo un reconocimiento al asistir como invitado especial de la poderosa comunidad libanesa, y recordar al presidente Adolfo López Mateos "el hombre que marcó mi vida para siempre" y quien sabiamente solía decir: "Quien no tenga un amigo libanés, que lo busque".

Siempre que lo asocian con Carlos Salinas, Slim reniega de su relación con el expresidente. Durante el gobierno salinista los periodistas los identificaban como Carlos and Charlie's.

Cuando el periodista Carlos Acosta Córdova le preguntó si Carlos Salinas era su socio, Slim respondió:

> Nosotros no tenemos socios políticos. En el Grupo Carso no tuvimos, no tenemos ni tendremos socios políticos. Eso está claro y es de siempre: ni mi papá tuvo, ni yo tengo, ni mis hijos —de eso estoy seguro; estamos vacunados— tendrán socios políticos.

No obstante su irritación, Slim junto con Emilio el Tigre Azcárraga Milmo fueron los dos empresarios más cercanos a Salinas. Ambos fueron asiduos acompañantes del mandatario en sus giras de trabajo, dentro y fuera del país y eran identificados plenamente por la prensa extranjera como los "amigos del presidente".

La privatización de Telmex en favor de Slim provocó que algunos políticos lo trataran de estigmatizar como un empresario salinista, aunque Slim ha dado muestras de ser un hombre de negocios pragmático que se adapta a cualquier gobierno.

Aunque su despegue como empresario a gran escala se dio en el transcurso del sexenio de Miguel de la Madrid, cuando su nombre empezó a figurar en las listas de los principales inversionistas.

Cuando De la Madrid designó a Carlos Salinas de Gortari como su sucesor, un grupo importante de hombres de negocios integraron en 1988 la Comisión de Financiamiento del PRI.

Carlos Slim Helú fue uno de ellos. El empresario Ángel Borja Navarrete presidía dicha comisión y en ella figuraban los siguientes empresarios:

Pablo Álvarez Treviño, Antonio Ariza Canadilla, Pablo Brener Brener, José Carral, Juan Elek Klein, Augusto Elías Paullada, José González Bailó, Roberto González Barrera, Ricardo González Cornejo, Julio Gutiérrez Trujillo, Antonio Gutiérrez Prieto, Carlos Kretschmer Smith, Eduardo Legorreta Chauvet, Antonio Madero Bracho, Enrique Molina Sobrino, Anuar Name Yapur, Carlos Peralta Quintero, Enrique Rello Vega, Ernesto Rubio del Cueto, Isaac Saba Rafoul, Fernando Senderos Mestre, Nicolás Zapata Cárdenas, Patricio Zapata Gómez y Carlos Slim Helú.

De ese grupo los empresarios Antonio Ariza Canadilla, Pablo Brener Brener y José Carral Cuevas aportaron cada uno un millón de dólares para la causa político-electoral de Salinas.

Ya en plena campaña presidencial, convocados por Carlos Hank González un grupo de empresarios se reunieron en una cena que tuvo lugar en la mansión del Profesor en Lomas de Virreyes para mostrar su apoyo a Salinas.

A la mitad del sexenio salinista la influyente revista *Business Week* provocó un escándalo político con un reportaje publicado en su edición del 22 de julio de 1991 en el que describía a la elite de los negocios en México bajo el padrinazgo de Salinas.

La entonces senadora Ifigenia Martínez, una respetada economista, llevó el asunto a la tribuna de la Comisión Permanente del Congreso para denunciar los privilegios y favoritismos del presidente de la República en la venta de las paraestatales.

En la publicación aparecían retratados los barones del dinero, entre ellos Carlos Slim:

La vieja guardia de los negocios está aprendiendo de Slim, relativamente recién llegado, quien les ha dado una lección de administración de dinero. Como Roberto Hernández, Slim hizo su fortuna en el boom de la bolsa, en los ochenta. Mientras muchas familias industriales atrincheradas restructuraban su deuda y vendían en un mercado a la baja, Slim devoraba compañías baratas y establecía el control con participación minoritaria. Slim convirtió a su Grupo Carso en un gigante con el apoyo financiero y el consejo del millonario exbanquero Manuel Espinosa Iglesias.

Desde su trinchera en la bolsa de valores, se extendió y compró cobre, llantas, seguros, tabaco, compañías empacadoras y la cadena nacional de tiendas Sanborns. El estilo que tiene Slim de pensar en grande se revela también en su vida personal. Cuando no pudo encontrar en Cuernavaca una casa que le gustara, compró un lujoso campo de golf y se mudó a la casa del club.

Astuta estrategia. Sin embargo, todas las propiedades de Slim son morralla en comparación con su nueva joya, la compañía de teléfonos. De acuerdo con la manera misma de Slim, el gobierno dividió al gigante telefónico en acciones reguladoras y minoritarias. Eso le permitió a Slim comprar el control efectivo con sólo 5% de las acciones, un desembolso aproximado de 400 millones de dólares. Están con él en el bloque de control Southwestern y France Telecom, junto con inversionistas de las antiguas familias ricas de México. Más tarde, el gobierno vendió las acciones restantes en el mercado mexicano y, con una oferta de 2 mil millones de dólares de acciones, en los mercados de valores extranjeros.

Dos años después del escándalo provocado por el reportaje de *BusinessWeek*, el periódico *El Economista* hizo mucho ruido con un nuevo episodio entre Salinas y los hombres del dinero.

El rotativo dio cuenta de los pormenores de una cena en la casa del exsecretario de Hacienda y expresidente del Banco Interamericano de Desarrollo, Antonio Ortiz Mena. Al encuentro asistieron los nuevos y viejos ricos encabezados por el que ya figura como el más acaudalado de México y de América Latina, Carlos Slim Helú.

Miguel Alemán Velasco, presidente de la Comisión Nacional de Financiamiento del PRI, fue el encargado de la reunión promovida por el mismo Carlos Salinas de Gortari.

Entre los asistentes se encontraban Lorenzo Zambrano, Adrián Sada, Roberto Hernández Ramírez, Gilberto Borja Navarrete, Jorge Larrea, Diego Gutiérrez Cortina, Bernardo Garza Sada, Manuel Espinosa Iglesias, Antonio del Valle Ruiz, Alberto Bailleres, Jerónimo Arango, Carlos Abedrop Dávila, Eloy Ballina, Alonso de Garay, Carlos Hank Rhon, Ángel Lozada, Raymundo Flores, Jorge Martínez Güitrón, Claudio X. González, Emilio Azcárraga Milmo y José Madariaga Lomelí.

Salinas les dio en el ego. Dijo: son "hombres triunfadores" y el partido los necesita para "crear y fortalecer el patrimonio del PRI". Solicitó a cada uno de los asistentes 25 millones de dólares.

"Todos ellos fueron meros encubridores del desvío de recursos públicos al PRI; los conozco muy bien: no le dan agua ni al gallo de la Pasión", sentenció el empresario regiomontano Lucas de la Garza, asesor de Cuauhtémoc Cárdenas.

López Portillo, quien se negó hasta el último día de su mandato a revelar la famosa lista de los sacadólares a los que aludió en su sexto y último informe de gobierno, cuestionó la actitud asumida por el gobierno de Salinas para favorecer a los empresarios.

Cualquier balance del gobierno salinista quedaría trunco sin tomar en cuenta que, en buena medida, su gestión descansó en el apoyo que le brindó la clase empresarial, sobre todo de un reducido grupo de hombres de negocios, que fueron quienes se beneficiaron con la política económica neoliberal vigente desde principios de los ochenta.

La estrategia supuso fortalecer las bases de cooperación entre el Estado mexicano y el capital y buscar el apoyo recíproco de una fracción del empresariado mexicano ligados a grupos económicos transnacionales.

Todo ello significó llevar a cabo un viraje en el modelo de desarrollo económico del país, lo que implicó reducir la participación del Estado en la economía, continuar el proceso de privatización de empresas públicas y acelerar la apertura comercial hacia el exterior.

Las consecuencias del maridaje entre el grupo salinista y los empresarios más ligados a su gestión fueron la gran especulación bursátil, el manejo de la economía del país por unas cuantas familias y los cuantiosos fraudes de algunos empresarios.

El regiomontano Eugenio Clariond Reyes —uno de los más representativos personajes del dinero— reconoció sin embages en una conferencia ante estudiantes y también en un artículo publicado en el periódico *El Norte* cómo gracias a los tecnócratas los empresarios pudieron recuperarse después de la expropiación y de la crisis estructural de los ochenta:

> Gracias al FICORCA (Fideicomiso para la Cobertura de Riesgos Cambiarios) y a su director Ernesto Zedillo pudimos sobrevivir [...] ninguna persona del sistema político en nuestro país podría asegurarnos la consecución de nuestros ideales económicos y fiscales con seriedad y responsabilidad que Ernesto Zedillo.

En su edición de 1994 sobre los hombres más ricos del mundo, la revista *Forbes*, calificó a México como "un paradigma". Según la publicación que desde 1987 publica la lista de los hombres más ricos del mundo, con capitales superiores a mil millones de dólares, "descubrió" en 1991 al primer mexicano que cumplía con dichos estándares. Se trataba de la familia de los Garza Sada. Sin embargo, para el último año del gobierno salinista la lista de *Forbes* incluía a 24 mexicanos entre los más ricos del planeta.

> Los presidente Miguel de la Madrid y Carlos Salinas empezaron a abrir la economía mexicana y redujeron de 1155 a 200 el número de empresas paraestatales, suscribieron a México al GATT y al Tratado de Libre Comercio generando mayores empleos y comercio, además de colocar a su país en el cuarto lugar de multimillonarios, después de Estados Unidos, Alemania y Japón.

> Slim apareció por primera vez en la lista de *Forbes* en 1992 con un capital de 2,100 millones de dólares y brincó de posición en 1994

182

con una fortuna de 6,600 millones de dólares. Desde entonces Slim ha despertado envidias y algunos le han lanzado dardos cargados de suspicacia tratando de estigmatizarlo como un simple croupier de los negocios, situación que muchas veces lo incomoda.

Aunque magnates como Gilberto Borja Navarrete fueron asesores del salinismo y otros como Claudio X. González no les importó aparecer en una veintena de consejos de administración en empresas paraestatales y privadas, Slim cuidó mucho su imagen en ese sentido.

Es así que identificados con los tecnócratas, los empresarios se consolidaron como la nueva elite del poder.

Cuando Zedillo cumplía un año en el poder los representantes del smart money le patentaron su agradecimiento por la política económica diseñada especialmente para ellos en el sexenio anterior y cuya continuidad les había sido garantizada. En un encuentro en Los Pinos el presidente de Kimberly Clark y miembro del Consejo de Administración del Grupo Carso, Claudio X. González en representación de los treinta empresarios más ricos del país aglutinados en el Consejo Mexicano de Hombres de Negocios, le dijo al presidente:

> [...] no estaríamos arriesgando e invirtiendo en nuestro país, si no creyéramos en su viabilidad, en el potencial de sus mercados internos y externos, en todos los cambios estructurales, económicos, políticos y sociales que se han hecho y que se están haciendo.

Salinas heredó un país en crisis a su sucesor, lo cual provocó el encono de algunos empresarios que se sintieron "traicionados" por el expresidente al ver tambalear sus capitales con el llamado "error de diciembre" situación que orilló al gobierno de Zedillo a solicitar un rescate de emergencia a Estados Unidos y a la banca internacional por un monto de 50 mil millones de dólares.

"Gracias a Dios, todavía estamos vivos", fue la frase proverbial de Carlos Slim cuando se presentó en Nueva York, para aplacar los ánimos y reclamos de los inversionistas de Wall Street.

183

Los oficios de Slim habían sido requeridos por el gobierno de Zedillo para acompañar a los funcionarios de la Secretaría de Hacienda que buscaban calmar los mercados y negociar ayuda de emergencia.

El apoyo del hombre más rico de México y de toda América Latina fue vital para el presidente Zedillo.

Pero no todo fue miel sobre hojuelas para el patriarca del Grupo Carso, en Estados Unidos enfrentó señalamientos de ser socio de los Salinas. El escándalo estalló en medio de las campañas presidenciales para el 2000. Slim había apoyado a todos los candidatos, incluso apoyó al grupo Amigos de Fox con fondos por 18 millones 750 mil pesos que se canalizaron mediante el Fideicomiso para el Desarrollo y la Democracia, que presidía Carlos Rojas Magnon, uno de los encargados de recaudar los dineros para la campaña foxista.

Cuando el senador Carl Levin, del subcomité de investigaciones del senado interrogó a la cubana-estadunidense Amy Elliott, la banquera privada encargada de las cuentas de Raúl Salinas de Gortari en el Citibank, relacionó al hermano incómodo del expresidente Salinas como socio de Slim en Teléfonos de México, al afirmar que la familia de los Salinas se beneficiaron con un incremento en el valor de la compañía telefónica.

A principios de noviembre de 1999 la ejecutiva —quien obtenía comisiones por más de 60,000 dólares mensuales por el manejo de cuentas de un reducido grupo de empresarios mexicanos— había confiado que el dinero de Raúl depositado en cuentas del Citibank provenía de sus inversiones legales en varias empresas mexicanas, especialmente Telmex.

Slim reaccionó de manera inmediata contra las declaraciones: convocó a una conferencia de prensa para "aclarar" que "el control de las acciones 'AA', que tienen poder de decisión en Telmex es claro, y en ellas no están los hermanos Salinas de Gortari".

Para despejar cualquier duda sobre las declaraciones de Amy Elliot, el apoderado de Teléfonos de México, Sergio Rodríguez Molleda dirigió una carta con fecha del 12 de noviembre de 1999 a la propia Elliot, vicepresidenta de Banca Privada de Citigroup, con copia al presidente de Citigroup, John Reed y al ingeniero Julio A. de Quezada, director general de Citibank México S.A., y al Grupo Financiero Citibank, en la que expone lo siguiente:

> La publicación de las declaraciones que hizo usted hace algunos días ante la comisión del senado de Estados Unidos de América, en relación a posibles inversiones y grandes rendimientos en acciones de Teléfonos de México, S.A. de C.V., del ingeniero Raúl Salinas de Gortari, han creado duda y desinformación que pueden dañar nuestra empresa.
>
> Varios periódicos destacaron que usted en forma vaga afirmó que creía que parte del dinero del señor Salinas de Gortari provenía de inversiones que había realizado en Telmex. Le pedimos que se sirva precisar su declaración por las graves repercusiones que ésta puede causar a la empresa.

La respuesta a la exigencia del director de asuntos jurídicos de Teléfonos de México se dio un mes después en una carta del despacho Richards Spears Kibbe en la que la abogada Linda Imes en representación de Amy Elliot respondió:

Estimado señor Rodríguez Molleda:
Como usted sabe, es de su conocimiento que soy la representante legal de Amy Elliot. Entiendo que usted necesita una explicación más amplia para hacer más completa la información que le mandé en mi carta del 19 de noviembre relacionada con los asuntos que le han sido atribuidos a la señorita Amy Elliot en artículos de los periódicos concernientes a Raúl Salinas de Gortari y Teléfonos de México.
Como lo asenté en mi carta anterior, durante su visita o presentación ante el Subcomité Permanente de Investigaciones del Senado de los Estados Unidos el 9 de noviembre, la señorita Elliot comenta que esa información, dentro de muchas, sobre el bienestar del señor [Raúl] Salinas era que los Salinas tuvieron inversiones en Telmex, una compañía que duplicó su precio en alrededor de un año y medio. La señorita Elliot escuchó que los Salinas habían adquirido acciones en Telmex. No habría razón alguna para creer que las acciones o adqui-

siciones fueran inadecuadas. Fue del conocimiento de la señorita Elliot, aunque ella no recuerda específicamente cómo se enteró de esto, que los Salinas adquirieron acciones de Telmex en el mercado abierto. Ella nunca ha dicho que los Salinas adquirieron el "control del mercado" o tuvieron un interés controlado en Telmex.

Espero que esta carta le aclare a usted la situación de la señorita Elliot.

La misiva termina con la rúbrica de la abogada Linda Imes.

"Si los Salinas ganaron en la bolsa no lo sé", refirió Slim quien dijo analizar desde el punto de vista jurídico las afirmaciones de Elliot.

Cuando los periodistas le preguntaron si habría algún momento en que se le desligara del expresidente Salinas, respondió no saberlo. Primero, recalcó:

Con la empresa Galas de México se me relacionó con Luis Echeverría; después con López Portillo, también con el presidente de Líbano [Amin Gemayel], por ser primo de mi esposa; asimismo, se mencionó a exsecretarios de Estado, como David Ibarra; mañana dirán que tengo vínculos con Zedillo.

No obstante la "aclaración" a los abogados de Slim, Vicente Fox hizo eco de los señalamientos de Amy Elliot y demandó al gobierno de Zedillo intervenir en la denuncia sobre las presuntas irregularidades detectadas en la privatización de Teléfonos de México. "Debe investigarse la participación de los Salinas no sólo en Telmex sino en otras empresas privatizadas durante su gobierno."

Superado el affair, Slim se replegó a su trinchera sin dejar de lado la política. Apoyó incondicionalmente la campaña de su amigo Francisco Labastida Ochoa y se presentó en la sede del PRI la tarde del 2 de julio cuando ya se sabía que el candidato priísta estaba derrotado. Slim no se arredró y se mostró solidario con Labastida, a pesar de que había aportado recursos a casi todos los partidos en contienda, incluido el Partido Acción Nacional.

El empresario Guillermo H. Cantú, cercano al presidente Fox, autor del libro *Asalto a Palacio, las entrañas de una guerra*, reveló que los tres empresarios que más apoyaron al candidato panista, después de hacerlo también con Labastida, fueron Carlos Slim, Roberto Hernández y Alfonso Romo.

Álvaro Cepeda Neri, aguerrido periodista sonorense puso especial énfasis en su columna "Conjeturas" sobre el apoyo de Slim a la campaña presidencial de Labastida Ochoa.

Bajo el título de "Slim en el PRI y en Catedral (¿Dos empresas quebradas?)", Cepeda Neri escribió:

[...] La cruda poselectoral nos ha impedido ir al fondo de lo que realmente aconteció a la par de sus orígenes (las elecciones de 1997, el cierre de la llave del dinero federal por el ramo 33 que impidió que fluyeran millones de pesos a los estados para "aceitar" la maquinaria priísta, etcétera). Y la de dejar pasar otros sucesos, como, por ejemplo, que la mitad de la frase Carlos and Charlie's, o sea Carlos Slim Helú, estuviera hasta los codos metido en la campaña de Labastida, probando que hasta un empresario con tanta suerte como dinero (nuestro orgullo latinoamericano y mundial, como uno de los hombres más ricos), pueda equivocarse.

[...] Lo que caracteriza a Carlos Slim es que desde que se empezó a enriquecer en las calles de Correo Mayor hasta ahora que se codea con Bill Gates y otros multimillonarios, es el de tener un olfato para saber cuándo un empresario está herido y al borde de la quiebra, para llegar como "salvador" y comprar toda clase de empresas a disposición del mejor postor, una vez que aquellas están siendo malbaratadas. Así es como Slim se ha convertido en dueño de cadenas de servicios (todos los Sanborns son de él), panificadoras, industrias, bancos, televisoras, periódicos, computadoras, etcétera. Hombre de presa y empresario, Slim es, hoy por hoy, el individuo más rico del país de la era posrevolucionaria y, sobre todo, del auge del neoliberalismo económico.

[...] Lo único que se nos ocurre es que Carlos Slim, interesado por las empresas en quiebra, a la mejor se acercó al PRI que

187

estaba ya en bancarrota (parecía un banco por los millones que manejaba en cada elección, hasta que Zedillo les cortó el suministro), había ido a plantear una oferta para comprar al viejo partido. Otros aseguran que fue Slim al PRI para cerciorarse de que en verdad lo que decían los medios de información (Slim es socio de Televisa y algunas cadenas de radio), estaba en lo verídico y que Fox había derrotado a Labastida y a Cárdenas. Así que ya saben los priístas, en el sentido de que si venden al PRI ya tienen comprador.

Carlos Slim volvió a ubicarse bajo los reflectores cuando apenas iniciado el sexenio del presidente Vicente Fox de manera errónea e ilegal asumió la decisión de designar a cuatro de los más poderosos empresarios como integrantes del Consejo de Administración de Petróleos Mexicanos.

En los círculos políticos se interpretó esa medida como el pago de favores hechos a Fox durante su campaña, en tanto los críticos del mandatario panista advirtieron sobre los riesgos de que los hombres de negocios pudieran hacer mal uso de la información estratégica de Pemex para obtener beneficios.

Violentando la Ley Orgánica de Pemex y de las entidades paraestatales, Fox designó consejeros de Petróleos Mexicanos a Slim, Alfonso Romo, Lorenzo Zambrano y Rogelio Rebolledo.

Esa decisión provocó la reprobación de la Comisión Permanente que hizo un llamado a la legalidad al presidente de la República quien se había extralimitado en sus facultades.

Raúl Muñoz Leos, director de Pemex y exejecutivo de la trasnacional Dupont, fue quien hizo las propuestas de los empresarios para integrarse al consejo de administración.

Los expresidentes tecnócratas habían intentado introducir cambios en Pemex, pero no habían llegado a tanto como Vicente Fox.

Debido a los exabruptos de Fox los representantes de las fracciones parlamentarias en la Comisión Permanente suscribieron un punto de acuerdo en el que expresaron:

188

Los nombramientos hechos por el presidente de la República a favor de cuatro empresarios mexicanos para integrar el Consejo de Administración de Pemex son, a todas luces, contrario al texto y espíritu de los artículos 25, 27 y 28 de la Constitución General de la República y violatorios del artículo 7 de la Ley Orgánica de Petróleos Mexicanos y Organismos Subsidiarios [...] Por lo anterior, cree pertinente proceder a la reconsideración de dichos nombramientos por parte del propio presidente de la República, a efecto de hacer nuevos nombramientos con estricto apego a lo establecido en la Constitución y la Ley Orgánica de la empresa paraestatal de referencia.

Al asumir su cargo de "consejero" de Pemex, Slim aseguró que era posible convertir a la paraestatal en la mejor empresa petrolera del mundo, con la aplicación de criterios de eficiencia operativa.

Tiempo después, mediante un decreto publicado en el Diario Oficial de la Federación se formalizó el "retiro" de los nombramientos que se habían dado en el Consejo de Administración de Petróleos Mexicanos. La Ley Orgánica de Pemex establecía la integración dicho consejo por once miembros, seis designados por el presidente de la República y cinco representantes del sindicato petrolero.

Finalmente los empresarios pasaron de "consejeros" a "consultores" y el Consejo de Administración de Pemex fue restructurado.

La víspera de las reformas al Consejo de Administración de Pemex, Slim aseguró que no se retiraría, porque Petróleos Mexicanos es la empresa palanca del desarrollo del país por su importancia fiscal. "Es una firma clave que debe seguir perteneciendo al Estado y ser cada vez más fuerte."

Para el prestigiado periodista Alan Riding del influyente *The New York Times* y autor del clásico *Vecinos distantes*,

[...] la realidad de un país que marcha a dos velocidades se vio aún más agravada por la inserción gradual de México en la economía global. La mala fortuna de México fue que, durante los desplomes de 1982 y 1994, el ingreso se concentró en manos

189

de unos cuantos. Pero cuando llegó la recuperación económica, junto con la liberalización de las normas y las privatizaciones, continuó la concentración del ingreso. Este fenómeno no fue para nada exclusivo de México: Estados Unidos y Gran Bretaña, los dos primeros países en emprender esta ruta, registraron una ampliación constante de la brecha entre ricos y pobres desde principios de los ochenta. Luego, con la llegada de la "nueva economía", construida en torno a los nuevos medios y la alta tecnología e inflada por la especulación en la bolsa, se aceleró este proceso. México tardó en entrar a este ciclo, pero reconoció que éste era ahora el único modelo económico disponible. Dos décadas antes, los países en desarrollo creyeron que debería dárseles un tratamiento especial. Hoy en día, a países como México no les ha quedado más remedio que unirse a la economía global y jugar conforme a sus reglas.

A menos que Fox pueda contar con el apoyo de los grandes magnates de los negocios, muchos de ellos caras familiares del pasado que se han ajustado al cambio económico, como la dinastía Garza Sada de Monterrey, Lorenzo Zambrano de Cementos de México y Alfonso Romo Garza de Pulsar; pero son otros nuevos ricos cuyos nombres eran desconocidos hace veinte años, como Roberto Hernández, presidente de Banamex, y especialmente Carlos Slim Helú, la cabeza multimillonaria de Teléfonos de México y de una serie de otras empresas, así como el hombre más rico de Latinoamérica. Lo que ellos —y la mayoría de los demás líderes empresariales— tienen en común es una larga historia de apoyo a los gobiernos del PRI; todos ellos están de acuerdo ahora en que Fox es una buena opción para México.

Siempre bajo la polémica, Slim atrae los reflectores de la prensa cuando asiste a cualquier evento público.

Además su relación con el gobierno de Vicente Fox no le impide exponer sus puntos de vista. Desde el principio se mostró en contra de la reforma fiscal propuesta por el presidente.

Su propuesta es exentar el IVA a los alimentos y medicinas, "siem-

190

pre y cuando se haga una selección cuidadosa de qué productos sí tienen que ser gravados".

Está en contra de los que él llama "nacioglobalifóbicos" como define a aquellos que piensan que lo extranjero siempre es mejor y que los nacionales no tienen la capacidad para enfrentar a las empresas transnacionales.

"Difiero de aquellos que piensan que los empresarios mexicanos no pueden manejar sus propios negocios y que muchas autoridades piensen que es mejor de esa forma, favoreciendo a la inversión extranjera sobre la nacional."

Slim ha confrontado lo mismo a políticos de izquierda que de derecha. Porfirio Muñoz Ledo quien era uno de sus principales impugnadores terminó seducido por el rey Midas de los negocios.

Cuando despachaba como senador perredista, Muñoz Ledo blofeaba que tenía en su poder un expediente donde constaban las irregularidades punibles en la desincorporación de Teléfonos de México y de la "inmedida especulación bursátil" en que supuestamente había incurrido Slim para hacerse dueño de un patrimonio público.

Con la venta de Telmex se pasó de un monopolio de economía mixta a un monopolio de economía privada. Todos sabemos que el dinero no tiene patria, por lo que el argumento de que Telmex quedó en manos mexicanas es muy relativo. Fue un triunfo de los reprivatianos sobre los republicanos.

De la noche a la mañana Muñoz Ledo dio un viraje en sus ataques a Slim. En 7 de julio de 2000 —cinco días después del triunfo presidencial de Vicente Fox— el exlegislador y expresidente perredista asistió a la boda de la hija del magnate, Soumaya Slim Domit con el arquitecto Fernando Romero Havaux.

Muñoz Ledo junto con un grupo de perredistas se dedicaron a alabar a Carlos Slim, entre ellos Carlos Payán Velver y Samuel del Villar, y otros simpatizantes de la izquierda como Epigmenio Ibarra, beneficiarios del hombre más rico del país. Y con ellos también coincidieron en la fiesta intelectuales como Carlos Monsiváis y Enrique Krauze, Iván Restrepo, Héctor Aguilar Camín, Ángeles Mastretta, Rolando Cordera, David Ibarra y Guillermo Tovar y de Teresa.

La seducción del magnate en su máximo esplendor.

Años atrás en la tribuna de la Comisión Permanente del Congreso de la Unión, el ingeniero Heberto Castillo, senador por el PRD, había impugnado acremente a Carlos Slim. El legendario luchador del movimiento estudiantil de 1968 había exigido investigar las grandes fortunas forjadas en el sexenio de Carlos Salinas de Gortari.

Apenas había iniciado el gobierno de Zedillo cuando Heberto Castillo cuestionó la riqueza de Slim. El 9 de enero de 1995, Castillo recibió una llamada en su casa de parte de Slim quien le dijo que estaba dispuesto a demostrarle que su riqueza "es bien habida".

El senador perredista no aceptó la invitación, aduciendo que no era contador para llevar los libros de Slim, pero subrayó que Salinas y Pedro Aspe podrían ser acusados de tráfico de influencias por beneficiar a sus amigos.

Con la aclaración de que no formulaba ninguna acusación específica, Heberto Castillo insinuó que grandes utilidades como las obtenidas por Slim sólo podrían registrarse "en un negocio de moda: el narcotráfico".

Sobre el caso Telmex, Castillo insistió en un artículo publicado en la revista *Proceso* en diciembre de 1995 que el gobierno del presidente Zedillo no tuvo voluntad política para enjuiciar al expresidente Salinas, como dejó constancia en su comparecencia ante la Cámara de Diputados, el procurador panista Antonio Lozano Gracia, quien argumentó que no había elementos para proceder contra Salinas y sus principales colaboradores, lo mismo que los empresarios beneficiados con el programa de privatizaciones.

En un reporte de Ben Heff, periodista de *Universal News Service and RM*, fechado en Washington en enero de 1998, se dio cuenta de un informe de los archivos cifrados del Federal Bureau of Investigation (FBI) que seguía la pista de miles de millones de dólares depositados por órdenes de Carlos Salinas de Gortari en bancos del Caribe.

Salinas bajo sospecha de haberse beneficiado y enriquecido a un grupo de sus amigos empresarios no fue requerido para aclarar las denuncias de corrupción en su contra.

$\backsim$

Tiempo atrás en el esplendor de la campaña de Luis Donaldo Colosio, el PRI convocó a los barones del dinero a una cena de recaudación de fondos para el partido. El evento que congregó a las familias más ricas del país tuvo lugar en el salón Las Constelaciones del hotel Nikko. Invitado especial del candidato, el ingeniero Carlos Slim acaparó los reflectores de la prensa.

Los reporteros invadieron la mesa que ocupaba Slim junto con algunos familiares.

–Ingeniero háblenos de Teléfonos de México, Cuauhtémoc Cárdenas ha advertido que si gana las elecciones presidenciales va a someter a la empresa a una nueva licitación [...] Cárdenas dice que la privatización estuvo plagada de irregularidades. ¿Cuál es su opinión?

–Que eso es una pendejada, de las muchas que dice ese señor. Es ser ignorante y además no reconocerlo. Yo les puedo entregar documentos de todo el proceso de la licitación.

$\backsim$

Ajenos a los reflectores de las crónicas sociales y distantes al jet set político, los hermanos del magnate Carlos Slim —todos ellos pertenecientes a la primera generación de los Slim nacidos en México— virtualmente se han mantenido en el anonimato.

De todos ellos el más conocido, aparte de Carlos es Julián Slim Helú quien trabajó en la desaparecida Dirección Federal de Seguridad (DFS).

En su curriculum del *Diccionario enciclopédico de mexicanos de origen libanés y de otros pueblos del Levante*, de la investigadora Patricia Jacobs Barquet aparecen los siguientes datos: Slim Helú, Julián (1938). Abogado. Nació en la ciudad de México. Familia originaria de Jezzine y Ba'abda, Líbano. Licenciado en derecho por la UNAM (1962). Secre-

193

tario del primer consejo directivo del Club Centro Libanés y de la Asociación de Pesca y Caza del Distrito Federal. Ha sido catedrático en diversas universidades del Distrito Federal.

La ficha de Julián Slim aparece páginas después de la de Miguel Nasar Haro, su amigo, excompañero y exjefe en la Dirección Federal de Seguridad.

La DFS tuvo un papel muy activo en la llamada guerra sucia de los sesenta y setenta. Combatió sin cuartel a la guerrilla, al terrorismo y al narcotráfico, pero fue desarticulada durante el gobierno de Miguel de la Madrid después del asesinato del periodista Manuel Buendía cuando se pusieron al descubierto las vinculaciones de numerosos agentes y comandantes con los carteles de la droga.

Después de quedar acéfala la DFS, se creó la Dirección de Inteligencia en Seguridad Nacional (DISEN) en la que Julián Slim Helú tuvo un papel importante, además de haberse desempeñado como primer comandante de la Policía Judicial Federal y alto funcionario de aduanas.

Julián Slim se inició en la DFS cuando era director Luis de la Barreda —padre del expresidente de la Comisión de Derechos Humanos del Distrito Federal, Luis de la Barreda Solórzano— pero consolidó su carrera al lado de Fernando Gutiérrez Barrios quien estuvo al frente de la Dirección Federal de Seguridad de 1953 a 1970.

Al terminar el sexenio de Miguel de la Madrid y ya desaparecida la DFS, Julián Slim quien fungió como titular de la Dirección de Investigaciones en Seguridad Nacional (DISEN), coloboró en la PGR durante la gestión del procurador Sergio García Ramírez ante quien renunció por motivos de salud a su cargo de comandante de la Policía Judicial Federal.

A su paso por la DISEN Julián Slim dejó sentadas las bases de lo que posteriormente sería el CISEN como parte del proyecto de Seguridad Nacional.

La manzana de la discordia

Telmex, la joya de la corona

Desde que se hizo pública la adjudicación de Teléfonos de México al Grupo Carso y socios, Carlos Slim fue puesto en el centro del debate. Siempre ha alegado que el procedimiento se hizo de manera legal y transparente, que no tiene nada que ocultar y que sus libros están abiertos a cualquiera. En medio de las pugnas empresariales por el control del mercado, su viejo colega del piso de remates en los tiempos de juventud Roberto Hernández, quien se convirtió en su principal competidor, puso en entredicho tal afirmación y llegó a insinuar que fue favorecido para ejercer la explotación de un monopolio.

Al paso de los años el asunto generó una lucha entre competidores. Los cobros en los servicios de larga distancia fue el tema medular del enfrentamiento entre ambos gigantes de los negocios.

Beneficiario de la concesión de Avantel —asociada con la trasnacional estadunidense AT&T—, Hernández contrató a Francisco Gil Díaz, al cual puso al frente de su compañía telefónica y quien ahora es secretario de Hacienda.

Oficialmente Avantel solicitó al gobierno de Ernesto Zedillo a través de la Comisión Federal de Telecomunicaciones que se revocara la concesión de Teléfonos de México. El motivo: "incumplimiento de contrato", "arbitrariedades", "cobros exagerados". El conflicto se agudizó cuando Telmex le exigió tanto a Avantel como Alestra un pago por 420 millones de dólares por uso de infraestructura para interco-

195

nectar a las nuevas compañías de larga distancia. Gil Díaz denunció que de manera unilateral Telmex usó el adeudo en litigio como justificación para interrumpir la entrega de enlaces, provocando un daño comercial formidable. Gil Díaz explicó:

> Los monopolios siempre perjudican a la competencia; no se trata de un asunto personal. Carlos Slim es un hombre brillante, ciertamente se destaca por su sagacidad, por su capacidad para los números, por su espíritu empresarial, es un magnífico empresario. Yo no lo critico a él ni al director de Telmex, Jaime Chico Pardo. Ellos están, dadas las reglas del juego, aprovechando las cosas que mejor pueden. Lo que nosotros exigimos es que modifiquen las reglas del juego, por el amor de Dios.

En el fondo, tan sólo se está disputando por el control de las telecomunicaciones, lo que representa uno de los negocios más redituables a nivel internacional, de ahí que desde finales de los ochenta se haya desatado una guerra entre las principales empresas telefónicas de todo el mundo.

El acucioso investigador de la UNAM Carlos Morera Camacho, autor del ya citado *El capital financiero en México y la globalización*, expone que el trasfondo de esta guerra fue a partir de que el sector de telecomunicaciones pasó a convertirse en uno de los más competitivos en escala mundial.

> Prueba de ello son la apertura de la telefonía local que vive Estados Unidos desde 1987, la apertura que empezó a experimentar la telefonía de Europa al inicio de 1988, la reprivatización de las empresas que en todo el mundo concluiría antes de terminar el siglo XX. En tan sólo 11 años (1989-1999) el valor de las telecomunicaciones creció tan sólo en América Latina, de 12 mil millones de dólares a 38 mil millones. Es impresionante el avance tecnológico en los sistemas de llamadas locales, larga distancia, paging, celular, trunking, network, multimedia, Internet, outsourcing. Es en este entorno que se debe situar el proceso

que vive el sector de telecomunicaciones a nivel mundial: compras, alianzas, fusiones, coinversiones, take-overs.

El sector de telecomunicaciones se inscribe en el umbral de una nueva era de competencia mundial a la cabeza de la cual se encuentran las transnacionales AT&T, Deutsche Telekom, MCI, France Telecom, y British Telecom (BT), que ante los cambios operados recientemente llevaron a cabo un proceso de fusiones y asociaciones: British Telecom fusionó a MCI, para formar una nueva empresa que se llamará Concert Global Communications PLC; el alcance de esta fusión es, en cuanto a ventas, de 42 mil millones de dólares, con presencia en más de 30 países. Mediante esta fusión, BT ingresa al mercado de Estados Unidos, para competir con AT&T, la mayor empresa a nivel mundial en el mercado (ventas por 50 mil millones de dólares) de telecomunicaciones, de origen estadunidense. A la vez France Telecom (FT) y Deutsche Telekom (DT) adquirieron acciones de la telefonía estadunidense Sprint y formaron Global One. Todas ellas están presentes en México por medio de la asociación estratégica con los nuevos grupos financieros, en un mercado valuado en 6 mil millones de dólares que monopolizó, hasta principios de 1997, Carso por medio de Telmex.

En ese contexto debe situarse Carso, pues desde la privatización de Telmex tenía presente la temporalidad del monopolio absoluto de la telefonía en México; en ese sentido, la estrategia de Carso e Inbursa fue subdividirse en tres subholdings:

1. Carso tradicional incluye: Sanborns y Denny's, Cigatam, Loreto y Peña Pobre, Frisco, Nacobre, Euzkadi, General Tire, Aluminio, Agusa, Lypps y Porcelanite.

2. Carso Global Telecom, S.A. de C.V., integrada por Telmex, Cablevisión, Multimedia Corporativa y la brasileña Mcom Wireless. La estrategia es competir con servicios globales en el sector de telecomunicaciones; para ello desarrolló una campaña para aumentar su posicionamiento accionario tanto en Telmex (en 1997 incrementó su participación en el paquete de control a 15.5%) como en otros grupos del ramo en México, y estableció asociaciones estratégicas en Estados

Unidos y Brasil. El instrumento para este posicionamiento ha sido, fundamentalmente, su grupo financiero Inbursa, para lo cual creó las sociedades de inversión de capital (SINCAS) desde donde invirtió en Televisión Azteca, Grupo Acir, Medcom (Televisión DTH), Gigante y Cementos Moctezuma. También creó la empresa Orient Star como brazo financiero de Carso Global.

3. Invercorporación S.A. de C.V., creada para nuevos procesos de privatización en ferrocarriles, petroquímica y electricidad.

La reorganización de Carso-Inbursa obedece a la nueva concurrencia mundial en el sector de telecomunicaciones a la cual pretende hacer frente con la venta de servicios globales: Internet, llamada en espera, identificador de llamadas y todo lo relacionado con la tecnología digital. La competencia que enfrenta Telmex proviene de las compañías Avantel y Alestra, creadas con líderes transnacionales AT&T y MCI, fusionada por BT por medio de sus socios Alfa y Banamex (55% de las acciones), respectivamente. En la alianza AT&T-Alfa se integró la empresa Unicom (la compañía creada por Bancomer, GTE y la Telefónica Española), que al final decidió cerrar sus puertas para aliarse con Alestra. Al incluir a México en su estrategia, MCI y AT&T tendrán redes uniformes para cubrir toda "América del Norte, el mercado telefónico más lucrativo del mundo [pues] se estima que hay unas mil transnacionales en México que podrían beneficiarse de los servicios de esta red estadunidense".

Slim se ha puesto los guantes para pelear en el cuadrilátero con los grandes gigantes de las telecomunicaciones, ha dicho que se ha preparado física y anímicamente para la batalla y su pelea contra Roberto Hernández fue un mero round de sombra que le sirvió de calentamiento.

En preparación para su gran pelea estelar contó con el apoyo incondicional del gobierno que le permitió reinvertir durante cinco años el monto de los impuestos que Telmex debía pagar al fisco. Esta es la historia: en enero de 1990 fue derogado el impuesto al consumo en los servicios telefónicos y las autoridades hacendarias crearon el

Impuesto por Prestación de Servicios Telefónicos equivalente a 29% de todos los ingresos de la compañía telefónica por la prestación de sus servicios, con una cláusula según la cual durante cinco años, a partir de 1991, la empresa podía retener y acreditar como inversión el 65% del monto de ese impuesto, con la ventaja adicional de conservar el derecho de deducir la totalidad de 29% del impuesto sobre la renta. En ese lapso Telmex no pagó impuestos por alrededor de 27 mil millones de pesos. Esto le permitió invertir más de 22 mil millones de pesos en su modernización y crecimiento, transformándola en una empresa de clase mundial, gracias a su infraestructura tecnológica, con capacidad para trasmitir señales de voz, datos e imágenes, y certificada con estándares internacionales de calidad y eficiencia.

Cuando Telmex era propiedad del gobierno, de 1972 a 1990, registraba utilidades espectaculares: en 1987, 1.1 billones de pesos; en 1988, el triple: 3.2 billones; en 1989, 2.2 billones, y en 1990, alrededor de 4 billones de pesos.

Ya privatizada, en su primer año, Telmex registró ganancias por 7 billones de pesos.

Cuando Slim y sus asociados asumieron el control de Telmex, la compañía contaba con 5 millones 355 mil líneas en servicio. Al cierre del primer semestre del 2000, Teléfonos de México había alcanzado la cifra de 20 millones 382 mil 540 servicios en operación, adelantándose seis meses a la meta de lograr 20 millones de servicios al finalizar el año 2000 (Plan 20/20). Del total de estos servicios, 11 millones 495 mil 112 correspondían a líneas alámbricas, 7 millones 637 mil 298 a inalámbricas (celulares), 528 mil 633 cuentas de acceso a Internet y 721 mil 497 líneas para la transmisión de datos.

∾

Los argumentos de "eficiencia" y "calidad" fueron determinantes en la privatización. Desde que Salinas asumió su mandato, Teléfonos de México enfrentaba una severa campaña de desprestigio.

El dirigente sindical de los telefonistas, Francisco Hernández Juárez advertía que algunos grupos empresariales estaban detrás de los ataques y que la campaña de desprestigio estaba encaminada en beneficio de sus intereses "y no precisamente en favor de los del país". Los empresarios evidenciaban sus deseos de apoderarse de una de las empresas más rentables en poder del gobierno.

Televisa fue señalada como la orquestadora de los ataques contra Telmex, aunque algunos periódicos se habían anticipado como punta de lanza en la campaña de desprestigio.

El propio periódico gubernamental *El Nacional* dirigido por José Carreño Carlón, quien después pasaría a convertirse en el vocero de Los Pinos, era uno de los principales instigadores en contra de Teléfonos de México.

Desde la dirección de *El Nacional* Carreño Carlón ordenaba que se hicieran constantes "reportajes" para evidenciar las fallas de Telmex.

Novedades, *unomásuno* y *Excelsior*, entre otros diarios capitalinos, siguieron a *El Nacional* en su campaña antiTelmex mientras Televisa se encargaba de rematar el asunto en sus principales noticiarios.

El quid del asunto consistía en hacer ver al gobierno como incapaz de ofrecer un buen servicio telefónico, lo cual podría justificar la privatización de Telmex como la alternativa ideal.

La ofensiva contra Telmex tenía entre otros objetivos el de debilitar al sindicato de la empresa, uno de los más numerosos y combativos y achacarle las culpas por la deficiencia del servicio telefónico a los trabajadores.

La campaña rindió sus frutos. La Procuraduría Federal del Consumidor clasificó a Teléfonos de México como la empresa más ineficiente en poder del gobierno.

Los periódicos comenzaron a publicar anuncios de "servicio a la comunidad" con mensajes directos. Los usuarios publicaban su número telefónico y anexaban su queja: "Por piedad reparen mi teléfono. Llevamos un mes incomunicados".

Cuando se anunció la privatización de Telmex la gente ya se encontraba "sensibilizada" y se mostraba dispuesta a apoyar la privatización con la esperanza de mejorar el servicio.

Finalmente Teléfonos de México pasó a manos de inversionistas privados y extranjeros, constituyéndose en la joya de la corona del grupo empresarial de Carlos Slim.

Iniciaba así un nuevo capítulo en la historia de la telefonía del país, misma que se remonta a 1936 cuando el gobierno autorizó la unificación de la red nacional de telefonía que habían establecido las dos empresas que operaban en México, la sueca Ericsson y la Compañía Telefónica y Telegráfica Mexicana S.A., cuya fusión dio paso a la creación de Teléfonos de México en 1947 conformada por la Corporación Continental de capital estadunidense con 51.24% de las acciones y Ericsson con 48.75%, y tres inversionistas mexicanos con apenas 0.05% de las acciones.

En el gobierno de Luis Echeverría Álvarez, por decreto presidencial del 8 de agosto de 1972 Teléfonos de México fue estatizada, asumiendo el Estado el control de 51% de las acciones.

Casi veinte años después otra orden presidencial puso punto final a la propiedad gubernamental de Telmex. Por decisión de Carlos Salinas de Gortari la compañía telefónica se privatizó.

El Libro Blanco

Privatización al mejor postor

Muy por encima de la venta de los bancos y otras empresas en poder del Estado, la privatización de Teléfonos de México durante el gobierno del expresidente Carlos Salinas de Gortari fue la joya más codiciada por los empresarios.

El primero de diciembre de 1988 cuando Salinas de Gortari inició su mandato existían un total de 618 empresas paraestatales de las cuales 399 pasaron al sector privado antes de concluir su gestión. El Estado participaba en cincuenta ramas de actividad económica y por decisión presidencial se redujo a veintiuna. Si bien el llamado "Libro Blanco" en el que se registraron las operaciones de las privatizaciones se afirma que 93% de la propiedad quedó en inversionistas nacionales, se reconoce que en Telmex se concentró la mayor parte de la inversión extranjera, aunque se establece que el control absoluto de la compañía telefónica quedó en manos de mexicanos.

Para los dos principales responsables de los procesos de privatización, el exsecretario de Hacienda, Pedro Aspe y la exsecretaria de la Contraloría María Elena Vázquez Nava, la venta de las empresas como Telmex, entre otras muchas, se realizó porque

> [...] el Estado había sido desbordado por actividades y entidades que bloqueaban la posibilidad del desarrollo a partir de la energía social, y por verse menguado el cumplimiento de sus

203

compromisos fundamentales precisamente en aquellos renglones que habían dado razón de su participación activa en la procuración de justicia social. Fue el caso de advertir los riesgos de ese pesado aparato que, incluso por su volumen, había perdido la capacidad de mantenerse al día del cambio tecnológico y cumplir con elementales niveles de eficiencia financiera. No se pretendía sólo mejorar los niveles administrativos, sino del uso responsable de recursos escasos del pueblo de México, los cuales no pueden distraerse en el sostenimiento improductivo de rubros prescindibles —por no ser estratégicos ni prioritarios— que, a la postre, se vuelven contra del interés social provocando más carencias que satisfactores.

Bajo esa percepción de "ineficiencia" y de una supuesta carga para el gobierno fue que se optó por privatizar Teléfonos de México la que resultó ser la empresa más rentable y la que a sus nuevos dueños en tan sólo el primer año les reportó ganancias por 2 mil millones de dólares. Telmex era desde antes de privatizarse una empresa rentable. Su venta representó para el gobierno de Salinas 40% del total de los ingresos de las 399 empresas privatizadas. Sin embargo, la compañía telefónica se entregó al mejor postor.

El siguiente es la síntesis del reporte del Libro Blanco sobre la privatización de Teléfonos de México que en total aglutinaba a un total de veinte subsidiarias.

Entidad:
Teléfonos de México, S.A. de C.V.
Alquiladoras de Casas, S.A. de C.V.
Anuncios en Directorios, S.A. de C.V.
Canalizaciones Mexicanas, S.A. de C.V.
Compañía de Teléfonos y Bienes Raíces, S.A. de C.V.
Construcciones Telefónicas Mexicanas, S.A. de C.V.
Construcciones y Canalizaciones, S.A. de C.V.
Editorial Argos, S.A. de C.V.
Fincas Coahuila, S.A. de C.V.

Fuerza y Clima, S.A. de C.V.
Imprenta Nuevo Mundo, S.A. de C.V.
Impulsora Mexicana de Telecomunicaciones, S.A. de C.V.
Industrial Afiliada, S.A. de C.V.
Inmobiliaria Aztlán, S.A. de C.V.
Operadora Mercantil, S.A. de C.V.
Radio Móvil Dipsa, S.A. de C.V.
Renta de Equipo, S.A. de C.V.
Sercotel, S.A. de C.V.
Servicios y Supervisión, S.A. de C.V.
Teleconstructora, S.A. de C.V.
Teléfonos del Noreste, S.A. de C.V.

Naturaleza jurídica:
Empresas de participación estatal mayoritaria.
Sector:
Comunicaciones y transportes.
Objeto social:
Explotar el servicio telefónico local y de larga distancia, así como las actividades afines realizadas por las subsidiarias.
Formalización de la propuesta de desincorporación:
La SCT, con oficio no. 5.-1986 del 30 de marzo de 1989, propuso la venta de la participación accionaría del Gobierno Federal en el capital Social de Teléfonos de México S.A. de C.V. (Telmex). El 15 de agosto de 1989 el Gabinete Económico la aprobó a través del Acuerdo no. XXXVIII. El 21 de septiembre del mismo año el C. presidente de la República anunció la decisión del Gobierno Federal de enajenar su participación accionaría de la empresa con el fin de lograr un sector de telecomunicaciones más competitivo y eficiente conservando la rectoría del Estado; se emitieron, además, los lineamientos a los que debería ajustarse esta venta.

Con base en el acuerdo no. XXXVIII del Gabinete Económico del 15 de agosto de 1989, la Comisión Intersecretarial de Gasto Financiamiento mediante el acta del 23 de octubre de 1989, dictaminó favorablemente la enajenación de los títulos representativos de Telmex en poder del Gobierno Federal y de las entidades paraestatales, y mediante el acuerdo no. 90-III-E-7 del 12 de febrero de 1990 dictaminó que la desincorporación de Teléfonos de México, S.A. de C.V., implicaba las de sus dieciocho filiales más dos en proceso de fusión.

Con fecha del 15 de octubre de 1990, mediante el oficio no. 1.0.00784, la SPP ordenó la resectorización a la SHCP. El 27 de octubre, el titular de la SHCP fue designado presidente del Consejo de Administración. El 30 de enero de 1990, mediante el oficio no. 1.0.00071 la SPP comunicó al titular de la SCT la autorización para desincorporar la entidad. En esa misma fecha, la SPP solicitó al secretario de Hacienda, mediante oficio 1.0.00072, la designación de la Sociedad Nacional de Crédito por medio de la cual se efectuaría la venta de la participación estatal en el capital social de la empresa. El 26 de marzo de 1990 la SHCP mediante el oficio no. JRS/0124/90 designó al Banco Internacional, SNC, como responsable de la propalación, evaluación y venta de la participación accionaría del gobierno federal en el capital de la empresa y de sus entidades filiales.

La Asamblea General Extraordinaria de Accionistas de Teléfonos de México, S.A. de C.V., del 15 de junio de 1990 acordó entre otros puntos:

a) modificar el régimen de las acciones que integran la serie "AA" que deberán representar 51% de las acciones comunes con derecho a voto y que sólo podrán ser suscritas o adquiridas por inversionistas mexicanos;

b) aumentar el capital social y decretar un dividendo en acciones de la serie "L" que se distribuirán a razón del 1.5 de acciones "L" por cada acción común de las series "AA" y "A" en que se divide el capital social, mediante la capitalización de utilidades obtenidas en los ejercicios anteriores;

c) aumentar el número de miembros que integrarán el Consejo de Administración de diecinueve miembros titulares;

d) modificar los estatutos de la sociedad para que los mismos reflejen la nueva estructura del capital social y la nueva integración del Consejo de Administración, y

e) facultar al Consejo de Administración para que integre un plan de participación de los trabajadores en el capital social de la entidad.

Después del aumento de capital y del acuerdo a la nueva estructura de propiedad, 20.4% del capital social tendría mayoría dentro del Consejo de Administración y controlaría el voto de la empresa, suscripción sólo para mexicanos; 19.6% en acciones "A" con voto completo sin restricciones de propiedad; y 60% en acciones "L" con voto limitado.

Designación de auditor externo (Art. 12 del Reglamento de la Ley Federal de las Entidades Paraestatales, en vigor a partir del 27 de enero de 1990):

El 18 de junio de 1990, mediante oficio no. DA-90-003, la SECOGEF designó al despacho Roberto Casas Alatriste, para realizar la auditoría de venta de los estados financieros al 30 de junio de 1990, los cuales fueron considerados por el agente financiero para la elaboración de la evaluación técnico-financiera de la entidad.

Prospecto de la venta:

El prospecto de la venta fue determinado por el banco agente en agosto de 1990 y entregado a los grupos de inversionistas calificados, entre el 13 de agosto y el 21 de septiembre de 1990.

Licitación pública:

En junio de 1990, el Banco Internacional, SNC, y su asesor financiero, Goldman Sachs & Co., concluyeron la evaluación técnico-financiera de la entidad.

La Comisión Nacional Bancaria y de Valores otorgó, el 10 de agosto de 1990, autorización no. 5860 para realizar la subasta de las acciones "AA" sin el cupón correspondiente al dividendo en acciones "L" de voto limitado.

207

El 13 de agosto de 1990 en *Excelsior, La Prensa, El Nacional, El Economista, Novedades, El Día, El Universal, La Jornada, unomásuno, El Sol de México, El Heraldo de México, Ovaciones Segunda Edición,* así como *El Norte, El Porvenir, El Diario de Monterrey, Ocho Columnas* y *Occidental de Guadalajara,* se publicó la convocatoria y las bases de licitación de las acciones "AA" propiedad el Gobierno Federal, representativas de 20.4% del capital social y la opción de 5.1% de acciones serie "L". El 16 de agosto de 1990, en *Novedades, El Día, El Universal, Excelsior, La Jornada, El Heraldo de México* y *El Nacional* se publicó una invitación a los inversionistas a manifestar su interés en participar en el proceso de desincorporación de la entidad. Entre el 20 de agosto y el 31 de octubre de 1990, el Banco Internacional, SNC, coordinó visitas a la empresa así como entrevistas con funcionarios de Telmex y del sector de comunicaciones.

El 15 de noviembre de 1990, entre los notarios públicos números, 1, 74, 87, 89 y 181 del Distrito Federal, se recibieron las propuestas de compra siguientes:

Grupo liderado por Acciones y Valores de México, S.A. de C.V., representado por el C. Roberto Hernández Ramírez; conjuntamente con la Contraloría Mextel, S.A. de C.V.; Accitel de México, S.A de C.V., Telefónica de México, S.A. de C.V. y GTE Mexican Telephone Incorporated, quienes ofrecieron pagar la cantidad de 0.780 centavos de dólares por acción "AA", con importe de 1,687.2 millones de dólares, por las 2,163,040,972 acciones más la opción de compra del 5.1% de acciones "L".

Grupo liderado por Grupo Carso, S.A. de C.V., representado por los CC. Carlos Slim Helú, Jaime Chico Pardo, Fernando Pérez Simón, Alejandro Escoto Cano y Sergio F. Medina Noriega, conjuntamente con Seguros de México, S.A., un grupo de inversionistas mexicanos, Southwestern Bell International Holdings Co. y France Cable et Radio, quienes ofrecieron 0.80165 centavos de dólares por acción por un total de 2,163,040,972 acciones "AA" sin el cupón correspondiente al dividendo en acciones de serie "L" de Telmex junto con la opción de compra de acciones de serie "L", la cual representa 5.1% del capital accionario de Telmex, según convenio sobre la opción a acordarse entre el Gobierno y el Consorcio. El precio ofrecido fue de 1,734.0 millones de dólares por las acciones y para incrementar el valor de la oferta, se ofreció 23.6 millones de dólares en dividendos.

Grupo liderado por Gentor, S.A. de C.V., representado por los CC. Humberto Acosta Campillo y Salvador Benítez Lozano; quienes ofrecieron comprar únicamente 10.4% del capital social; 1,103,151,000 acciones del las 2,163,040,972 acciones "AA" en subasta, a un precio de 0.634546 centavos de dólar por acción e importe de 700.0 millones de dólares, más la opción de compra de 5.1% de acciones de la serie "L".

Formalización de la enajenación:

El 6 de diciembre de 1990 la Comisión Intersecretarial de Gasto Financiamiento emitió el acuerdo no. 90-XXIII-E-2 relativo a Telmex, mediante el cual el director general de está empresa debería formalizar las negociaciones con el sindicato para precisar su participación accionaria, antes del anuncio de la venta.

La Comisión Intersecretarial de Gasto Financiamiento en la sesión celebrada el 6 de diciembre de 1990, a través del acuerdo no. 90-XXIII-E-1 acordó vender Telmex al Grupo Carso, S.A. de C.V., Seguros de México S.A., y un grupo de inversionistas mexicanos y a las empresas Southwestern Bell International Holdings, Co. y France Cable et Radio, por haber presentado las mejores condiciones para adquirir el total de las acciones "AA".

El 9 de diciembre de 1990 la SHCP emitió la resolución no. RVP-179-A que aprobó la venta de las acciones "AA" propiedad del Gobierno Federal a favor de la oferta presentada por el Grupo Carso, S.A. de C.V., Seguros de México S.A., y un grupo de inversionistas mexicanos y a las empresas Southwestern Bell International Holdings, Co. y France Cable et Radio, en 1,757.6 millones de dólares. Está misma fecha la SHCP emitió el oficio no. JRS/0457-A/90 por medio del cual se autorizó al Banco Internacional, SNC, proceder a efectuar la venta de la participación accionaría del Gobierno Federal, motivo de la licitación, en la empresa Teléfonos de México S.A. de C.V.

En esa misma fecha y con base en el artículo 32 de la Ley Federal de las Entidades Paraestatales, el Sindicato de Telefonistas de la República Mexicana y Nacional Financiera, SNC, firmaron un contrato de fideicomiso mediante el cual los trabajadores a través de un crédito otorgado por Nacional Financiera, SNC, adquirieron el 4.4% del capital social de la empresa 186,615,300 acciones de serie "A", por un crédito de 325.0 millones de dólares equivalentes a 955,167.5 millones de pesos. Las acciones se quedarían en garantía de pago del crédito según autorización de la SHCP en oficio no. JRS/0457-B/90 y resolución de venta no. RVP-179-B, ambos del 9 de diciembre de 1990.

Conclusión del proceso:

El 13 de diciembre de 1990 se firmó el contrato de compraventa con el Grupo Carso, S.A. de C.V., los CC. Bernardo Quintana I., y Rómulo O'Farril N., y 33 inversionistas mexicanos, Southwestern Bell International Holdings, Co. y France Cable et Radio, ganadores de la licitación. El 20 de diciembre de 1990, ante la presencia de los titulares de la SHCP, SCT, SECOGEF, SPP y del secretario general del Sindicato de Telefonistas de la República Mexicana y representantes del grupo ganador, se firmó un contrato de fideicomiso sobre la totalidad de las acciones "AA", motivo de la compraventa, con vigencia de 10 años, para garantizar el cumplimiento de las obligaciones contraídas por los compradores.

Primera etapa

Las acciones adquiridas por los inversionistas nacionales, equivalen a 10.4% del capital social de la entidad, mientras que los dos inversionistas extranjeros compraron cada uno, el 5.0%, con lo cual el total de acciones adquiridas ascendió a 20.4% del capital social de la entidad.

El monto de la operación ascendió a 1,757.6 millones de dólares, correspondiendo 1,734.0 millones de dólares a las acciones y 23.6 millones de dólares en dividendos. La equivalencia total en moneda nacional ascendió a 5,171,216.0 millones.

La licitación contemplaba el pago de contado y la alternativa de pagar a seis meses devengando intereses a la tasa de mercado. Los inversionistas extranjeros pagaron de contado y el grupo mexicano, al término del plazo pactado, por así convenir a sus intereses.

Con la operación anterior, Telmex dejó de ser entidad de participación estatal mayoritaria.

Entre septiembre y octubre de 1991, Southwestern Bell International Holdings, Co. adquirió 5.0%, France Cable et Radio 0.033% y dos inversionistas mexicanos 0.067% de las acciones "L" por un monto de 476.6 millones de dólares, equivalentes a 1'454, 078.7 millones de pesos.

Segunda etapa

La colocación, a nivel internacional, de la oferta pública secundaria de 16.45% de las acciones "L" de Telmex fue preparada por la SHCP, Banco Internacional-ISEFI y Goldman, Sachs & Co., y consistió, básicamente, en lo siguiente:

- Incrementar la liquidez de la acción a través de esta oferta publica.
- Contratar a Goldman, Sachs & Co. como coordinador global y colíder en las sindicaciones internacionales.
- Seleccionar bancos de inversión y casas de bolsas que colocarían las acciones de Telmex en el mercado.
- Seleccionar colocadores por concurso.
- Definir bancos y casas de bolsa para la colocación en el resto del mundo.
- En México registrar las acciones "L" en la Bolsa Mexicana de Valores y, en el extranjero, efectuar un programa patrocinado por Telmex, de American Depositary Receipts (ADR), que representan un paquete de veinte acciones serie "L" denominado American Depositary Shares (ADS).

El 9 de abril de 1991 se presentó ante la Securities and Exchanges Commission (SEC), de los Estados Unidos, la solicitud de registro de la oferta pública de acciones "L". En esas fechas la cotización de las

211

acciones "A" era de 2.69 dólares cada una. El 19 de abril de 1991, el Banco Internacional, SNC, informó a la Comisión Intersecretarial de Gasto Financiamiento que las acciones "L"estaban cotizadas en 3.12 dólares por acción.

Entre el 26 de abril y el 20 de mayo se realizaron presentaciones en español, inglés y japonés, ante inversionistas en veinticinco ciudades de México, Japón, Europa, Estados Unidos y Canadá. La colocación de las acciones "L" en el mercado se efectuó tomando como referencia los valores fundamentales de Telmex, sus perspectivas a futuro y su cotización en los días previos a la colocación.

El 13 de mayo de 1991 se publicaron en el Diario Oficial de la Federación las disposiciones para la oferta pública internacional. El 14 de mayo de 1991 simultáneamente en México, Estados Unidos, Canadá, Europa y Japón se llevó a cabo la oferta pública internacional de acciones "L" propiedad del Gobierno Federal. Se colocó el 15.7% del capital social de la empresa, resultante de la venta de 1,665 millones de acciones "L"; de las cuales 1,377 millones se colocaron en los mercados de más de veinte países y 288 millones de acciones en el mercado nacional, de estas últimas, 150 millones de acciones fueron adquiridas por Telmex para el fondo de jubilaciones de los empleados administrativos. El 20 de mayo de ese mismo año se recibió un importe neto de comisiones por 2,166.7 millones de dólares. El 6 de junio de 1991 fueron adquiridas 80 millones de acciones "L" por los colocadores internacionales, en ejercicio de una parte de la opción de sobredemanda "Green Shoe" puesta a su disposición por el Gobierno Federal, el importe de esta última venta fue de 104.1 millones de dólares adicionales. El monto total por la colocación de 1,745 millones de acciones "L" ascendió a 2,270.8 millones de dólares, equivalentes a 6,818, 006.0 millones de pesos.

Con estas operaciones la entidad dejó de ser de participación estatal mayoritaria al conservar el Gobierno Federal únicamente 9.52% del capital social.

Tercera etapa

Con base en los buenos resultados de la empresa, el desempeño financiero de la acción y el deseo de reafirmar la presencia de México en los mercados internacionales de capital, en los primeros meses de 1992 el Gobierno Federal decidió realizar una segunda oferta de acciones "L" de Telmex por conducto de Banco Internacional-ISEFI y Goldman, Sachs & Co.

La estrategia tenía como objeto pulverizar la oferta para evitar la sobrecompetencia por un mismo mercado y lograr mayor liquidez. El 27 de abril y el 8 de mayo se realizaron presentaciones ante inversionistas de México, Japón, Europa, Estados Unidos y Canadá dado que eran indispensables para promover eficazmente la venta de las acciones de Telmex; se distribuyeron más de 60,000 prospectos preliminares de Telmex en español, inglés y francés en más de veinte países.

Para la determinación del precio de oferta de la acción se llevó a cabo un análisis de las perspectivas de la empresa, del mercado de las telecomunicaciones a nivel internacional y condiciones de los diferentes mercados de capital.

El 11 de mayo de 1992 se fijó el precio para la oferta de 56.125 dólares por ADS (mismo que incluye veinte acciones "L") en los mercados internacionales.

El 12 de mayo de 1992 se llevó a cabo una segunda oferta pública nacional e internacional de acciones "L". El volumen colocado fue de 500 millones de acciones, correspondientes a 4.7% del capital social. El 18 de mayo de ese mismo año se recibió un importe de 1,360.4 millones de dólares, equivalentes a 4,212,735.3 millones de pesos.

El 17 de diciembre de 1992, mediante oficio no. JRS/232/92 la Unidad Desincorporación de la SHCP solicitó al subsecretario de Programación y Presupuesto de la misma secretaría, la cancelación de la clave programático presupuestal asignada a Telmex y a sus subsidiarias del Registro de la Administración Pública Paraestatal.

Cuarta etapa

Del 29 de octubre al 14 de diciembre de 1993, se realizó una oferta pública de acciones "L" en mercado abierto, por un total de 329,000,000 de acciones, correspondientes al 3.1% del capital social. La operación anterior ascendió a 902.8 millones de dólares, equivalentes a N$ 2,912,933.6 miles.

Al 31 de diciembre de 1993, el Gobierno Federal era propietario de 20,420,175 acciones de serie "A" y 160,431,473 acciones serie "L", que representan 1.7% del capital social de Teléfonos de México, S.A. de C.V.

Opinión de los comisarios públicos:

Los comisarios públicos designados por la SECOGEF emitieron su opinión respecto a la forma en que se llevó a cabo el proceso de desincorporación, el 20 de diciembre de 1992.

LA SUBASTA

Una ganga

Para el grupo empresarial de Carlos Slim la adquisición de Teléfonos de México fue una operación abierta y ajena a todo interés político. Con el propósito de romper el estigma de haber sido favorecido por el expresidente Salinas, Slim ha dicho estar dispuesto a abrir los libros contables de sus empresas.

Mediante el pago de 441.8 millones de dólares el Grupo Carso comprando sólo el 5.17% consiguió el control de Teléfonos de México, asociado a un grupo de inversionistas que hicieron un pago "superior" por cada acción "AA" al establecido en el mercado, cubriendo el importe de la transferencia antes de que se venciera el plazo, además aduce que no existió daño patrimonial alguno en contra de la nación.

Oficialmente la privatización de Telmex se anunció el 21 de septiembre de 1989, y los tres postores presentaron sus ofertas el 15 de noviembre de 1990, anunciándose el ganador el 7 de diciembre de ese mismo año.

La víspera del proceso, el gobierno federal reportó que en el caso de que los grupos mexicano y extranjero establecieran posturas por separado, esta garantía sería de 25,000,000 (veinticinco millones de dólares por cada postor).

En el caso de que el Banco Internacional, SNC, requiriera de información adicional con el fin de poder hacer comparables las posturas,

215

dicha información se había acordado solicitarla directamente a cada uno de los grupos y deberían de entregarla en un lapso de 72 horas a partir de que el banco las solicitara. Este plazo sólo podría ampliarse a criterio del Banco Internacional, ante petición justificada del interesado, dentro del plazo de las 72 horas señaladas. Una vez equiparadas las ofertas se entregarían a la Secretaría de Hacienda y Crédito Público.

También se acordó que en los términos del artículo 32º de la Ley Federal de las Entidades Paraestatales los trabajadores organizados de la empresa tenían derecho de preferencia sobre las acciones de la subasta.

Así se estableció lo siguiente:

El Grupo Ganador de la subasta por el 20.4% del capital social representado por las acciones serie "AA", que a su vez representan, como mínimo, el 51 % de las acciones comunes, deberá pagar, a la fecha de la firma del Contrato de Compra Venta respectivo, la suma de 250,000,000 (doscientos cincuenta millones de dólares). A elección del Grupo Ganador, se segregará el pago anterior en 125,000,000 (ciento veinticinco millones de dólares) para cada uno de los grupos mexicano y extranjero. Para efectuar dicho pago los grupos podrán aplicar como parte del mismo las cantidades que hubieran depositado como garantía conforme a lo previsto en el punto 6. El saldo deberá de pagarse en efectivo, o en forma parcial con acciones de la serie "L" propiedad del Grupo Ganador, a un precio preconvenido, en un plazo que no excederá de 180 días naturales devengando intereses a la tasa de mercado, garantizándose en todo caso, el pago del saldo con las acciones de la serie "AA" de Telmex que queden afectadas al fideicomiso a que se refiere el punto 2 de estas bases. Este procedimiento se detallará en el Esquema de Desincorporación.

A partir del 20 de diciembre de 1990, y a más tardar el 31 de enero de 1991, y siempre y cuando se hayan cumplido las condiciones de esta convocatoria y bases aquí especificadas, la Secretaría de Hacienda y Crédito Público, por conducto del Banco Internacional, SNC, dará a conocer el resultado de esta subasta, y se devolverán en su caso, las garantías otorgadas por los participantes, con los rendimientos devengados.

De no efectuarse los pagos en los plazos señalados, las garantías y el pago inicial se perderán a favor del Gobierno Federal, en carácter de pena convencional.

∿

En un comunicado de prensa fechado el 10 de diciembre de 1990, se hacen las siguientes acotaciones sobre la desincorporación de Teléfonos de México.

El 21 de septiembre de 1989, el presidente de la República, Carlos Salinas de Gortari, anunció la decisión del Gobierno Federal de enajenar su participación accionaria en Telmex, con el fin de lograr que el sector de telecomunicaciones sea más competitivo y eficiente, conservando la rectoría del Estado. Los objetivos señalados fueron:
–Mejorar radicalmente el servicio.
–Expandir el forma sostenida el sistema actual.
–Fortalecer la investigación y desarrollo tecnológico.
–Garantizar los derechos de los trabajadores y darles participación en la empresa.
–Garantizar el control mayoritario de los mexicanos.
Desde el anuncio de la desincorporación, se ha trabajado para asegurar el logro de todos y cada uno de los objetivos mencionados.

La primera etapa del proceso ha concluido: el jueves 6 de diciembre, la Comisión Intersecretarial de Gasto Financiamiento terminó la evaluación de las propuestas presentadas para adquirir las acciones del control de la empresa. El viernes 7, una vez que habían cerrado las operaciones de los mercados bursátiles, se le notificó al Grupo Ganador la decisión.

El proceso fue el siguiente: en primer lugar y reconociendo la necesidad de expandir los servicios de telecomunicaciones en México, se hicieron una serie de modificaciones necesarias para que Telmex pudiera cumplir con los compromisos de su programa de expansión.

217

Por otra parte, se modificó el título de Concesión vigente de Telmex para garantizar el logro de los objetivos de mejorar el servicio, expandir el sistema y fortalecer la investigación y el desarrollo tecnológico. En el Título de Concesión también se establece que el control de la empresa deberá permanecer en manos de mexicanos. Este título facilita el desarrollo de las telecomunicaciones con una concepción moderna y ágil de regulación, dentro de un marco de competencia. La modificación del título vigente, firmada por la Secretaría de Comunicaciones y Transportes y Teléfonos de México el pasado 10 de agosto, se publica en el Diario Oficial de la Federación del lunes 10 de diciembre.

Se propuso una modificación a la estructura accionarial de Teléfonos de México para garantizar el control por parte de los mexicanos de una empresa con tan elevado valor de mercado, garantizando al mismo tiempo los derechos de los accionistas minoritarios. Esta modificación fue particularmente compleja, dado que la acción de esta empresa se cotiza tanto en el mercado nacional como en el de Nueva York. Las modificaciones propuestas a la estructura accionaria de Telmex fueron aprobadas, y hechas públicas, en la Asamblea Extraordinaria de Accionistas el 15 de junio de 1990.

Por otra parte, para cumplir con el ofrecimiento del señor presidente de la República, se estableció un esquema para que los trabajadores adquirieran parte del capital social de Telmex. El contrato correspondiente fue firmado hoy mismo por el secretario general del Sindicato de Telefonistas y por el presidente del Consejo de Administración de Teléfonos de México, firmando como testigos de honor el secretario del Trabajo y Previsión Social y el secretario de Comunicaciones y Transportes.

El calendario para la desincorporación, publicado el 13 de agosto en los periódicos de mayor circulación, se ha cumplido estrictamente, y el proceso se ha llevado con toda transparencia.

Las empresas que calificaron para participar en la subasta, (cinco nacionales y once extranjeras) y cuya lista fue dada a conocer a la opinión pública el 21 de diciembre de 1990, tuvieron acceso a la misma información para hacer sus evaluaciones y preparar sus posturas. El Banco Internacional, SNC, recibió más de 300 preguntas de los distintos participantes. Dichas preguntas fueron contestadas directamente por el banco y, en algunos casos, fueron turnadas a la Secretaría de Comunicaciones y Transportes, a la Secretaría de Hacienda y Crédito Público y a Teléfonos de México. Todas las preguntas y todas las respuestas les fueron proporcionadas a todos y cada uno de los participantes. Asimismo, los grupos realizaron visitas a Telmex y ahí se les hicieron presentaciones iguales de todas las áreas que conforman la organización, poniendo a su disposición una sala de información con la documentación relevante para la evaluación de la empresa. Todos los grupos fueron acompañados siempre por funcionarios del Banco Internacional.

Como se dio a conocer oportunamente a la opinión pública y de acuerdo al calendario establecido, el 15 de noviembre se presentaron las posturas para la subasta por 20.4% del capital social de Teléfonos de México, propiedad del Gobierno Federal y de funcionarios representantes de la Secretaría de Hacienda y Crédito Público y de la Secretaría de la Contraloría de la Federación. En ellas se especificaban los montos ofrecidos y las condiciones de la operación de compra-venta, así como las propuestas para los programas de modernización, avance tecnológico, expansión y capacitación de personal para Telmex.

De inmediato se empezaron a evaluar y a homologar las ofertas tanto en sus aspectos financieros como técnicos. Los resultados de la evaluación fueron presentados a la Comisión Intersecretarial de Gasto Financiamiento el jueves 6 de diciembre y se designó al Grupo Ganador, al que se le notificó la decisión al día siguiente, una vez cerrados los mercado bursátiles. A su vez, se decidió que, por tratarse de una empresa que cotiza activamente tanto en la Bolsa Mexicana de Valores como en Nueva York, resultaba imprescindible anunciar al público el resultado de la subasta antes de que abrieran los mercados el lunes 10 de diciembre.

Debe señalarse que las tres posturas fueron satisfactorias y cada una de ellas garantizaba el control mayoritario mexicano de la empresa. Todas ellas se ajustaron cabalmente a los requerimientos establecido en el Esquema y las Bases para la subasta de Teléfonos de México, y todos los grupos habían sido debidamente calificados para participar en la subasta. Asimismo, todos los postores decidieron comprometerse con el crecimiento de la empresa y por lo tanto, en sus posturas por 20.4% del capital social de Telmex, incluyeron la opción de 5.1 % de las acciones "L" ofrecidas por el Gobierno Federal. Los aspectos técnicos de las posturas fueron analizados por los expertos de Teléfonos de México, los cuales concluyeron que "no contienen diferencias significativas que permitan claramente advertir ventajas de uno sobre otro". En consecuencia, el monto ofrecido fue, finalmente, la variable determinante para la decisión.

Las características principales de las tres posturas fueron las siguientes:

Primera postura:
Presentada por el Grupo Carso, France Cable & Radio y South-western Bell.

Ofrece 5,138.7 miles de millones de pesos (1,734 millones de dólares), más los dividendos en efectivo correspondientes a 20.4% del capital social hasta por un monto total, a valor presente, de 69,938 millones de pesos (23.6 millones de dólares). Así, el pago total que ofrece es de 5, 208.6 miles de millones de pesos (1,757.6 millones de dólares).

El precio equivalente por acción de esta postura, incluyendo la opción, es de 6, 022 pesos (2.03 dólares).

Segunda postura:
Presentada por Acciones y Valores de México, S.A. de C.V., Casa de Bolsa, GTE y Telefónica de España.

Ofrece 5,000 miles de millones de pesos (1,687. 2 millones de dólares).

El precio equivalente por acción de esta postura, incluyendo la opción, es de 5,779 pesos (1.95 dólares).

Tercera postura:
Presentada por Grupo Gentor.
Por sólo el componente mexicano, ofrece 2,074 miles de millones de pesos (700 millones de dólares).

El precio equivalente por acción de esta postura, incluyendo la opción, es de 4,701 pesos (1.59 dólares).

La Comisión Intersecretarial de Gasto Financiamiento decidió que la primera postura, encabezada por el Grupo Carso, es la ganadora, destacando que el pago ofrecido supera en 208.6 miles de millones de pesos a la segunda (70.4 millones de dólares), es decir, es mayor en 4.2 %.

Es importante señalar, además, que el pago de 1,757.6 millones de dólares ofrecido por el Grupo Ganador por el paquete accionario subastado, supera en 609.8 millones de dólares al valor total de mercado del capital de la empresa en diciembre de 1988 (que era de 1,147.8 millones de dólares).

El Grupo Carso, encabezado por el ingeniero Carlos Slim, agrupa diversas compañías industriales y comerciales. Tiene más de 1500 millones de dólares en ventas anuales, más de 30,000 empleados y una gran capacidad empresarial.

France Cable & Radio es filial de la empresa France Telecom, con ventas de más de 20 mil millones de dólares al año, con 155 mil empleados y a la fecha ha instalado y opera 28 millones de líneas telefónicas en su país (comparadas con 5.5 millones de líneas que opera Telmex en México). La empresa ha demostrado gran capacidad de expandir y modernizar la red de telecomunicaciones de su país, la cual ha crecido a una tasa anual promedio de 11% en los últimos veinte años con un nivel de digitalización de los más avanzados en el mundo. Esta empresa está considerada mundialmente como una de las de mayor avance tecnológico.

La empresa Southwestern Bell tiene ventas por más de 8,900 millones de dólares al año; tiene 12 millones de líneas instaladas y cuenta con 66,700 empleados. Esta empresa se convirtió en corporación independiente en 1984 al disgregarse el sistema nacional de telecomunicaciones Bell en Estados Unidos. Es una de las compañías líderes en telefonía local, celular y de radiolocalización en Estados Unidos.

La información anterior indica que la nueva administración de Teléfonos de México contará sin duda con la capacidad para lograr las ambiciosas metas de crecimiento y calidad que le han sido impuestas en el Título de Concesión. Se logrará con ello llevar a México al lugar que le corresponde en materia de telecomunicaciones y que le es indispensable para alcanzar las metas nacionales de crecimiento y desarrollo económico.

La desincorporación de Teléfonos de México se ha realizado con transparencia e imparcialidad y se ha informado al público con oportunidad de los diferentes eventos de este proceso. Esta gran tarea se logró gracias al trabajo en equipo de muchos servidores públicos de diversas dependencias; de los funcionarios y del Sindicato de Teléfonos de México, y el Banco Internacional. Siendo ésta una de las privatizaciones más importantes a nivel mundial por su monto y complejidad se ha manejado con eficiencia y profesionalismo.

El ejecutivo federal desea hacer el más amplio reconocimiento a todos los grupos que participaron en la subasta ya que realizaron, con gran seriedad, una labor de muchos meses de trabajo que implicó una inversión importante de recursos.

En los próximos días se hará entrega de las acciones correspondientes a 20.4% del capital social de la empresa, con las que, de acuerdo a la nueva estructura accionarial, se tiene la mayoría necesaria para el control administrativo de Telmex y se nombrará al nuevo Director General. Con ello concluye la primera etapa de la desincorporación, para proceder posteriormente a la colocación de las acciones "L", propiedad del Gobierno Federal, en los mercados de valores nacional y extranjeros. Al igual que las etapas anteriores, en su oportunidad se darán a conocer a la opinión pública, con todo detalle, los pasos que se seguirán para estás colocaciones.

GOLPE BAJO

Escándalo político

La venta de Telmex —considerada como la empresa más rentable del país y una de las principales del mundo— fue impugnada ante la cámara de diputados y la Procuraduría General de la República por considerar que se trataba de un fraude a la nación. La politización de esta transacción partió de severos cuestionamientos al entonces presidente Carlos Salinas de Gortari pero indudablemente los golpes era la reacción de algunos grupos empresariales y políticos que no resultaron favorecidos con la privatización.

El líder moral del Partido de la Revolución Democrática, Cuauhtémoc Cárdenas presentó un alegato jurídico que involucraba al expresidente Carlos Salinas de Gortari y a sus principales colaboradores para los que exigió se abriera un proceso de juicio político. El alegato se sustentaba en una presunta maniobra política encaminada a favorecer a uno de los grupos empresariales más poderosos del país, que amparados en su poder financiero se habían apoderado de los bancos y las más importantes empresas paraestatales que fueron privatizados bajo la dirección de un gobierno neoliberal que terminó bajo severos señalamientos de corrupción y que llevaron al partido en el poder a socavar sus propias estructuras políticas.

La denuncia fue hecha el 30 de noviembre de 1995 ante la cámara de diputados bajo el llamado de que este órgano legislativo tenía "como responsabilidad fundamental reorientar el rumbo del país".

El documento presentado por un grupo de diputados perredistas y avalado por Cárdenas sentenciaba:

> El primero de diciembre próximo prescribe el término constitucional para que esa representación inicie el enjuiciamiento político de Carlos Salinas de Gortari. De no hacerlo, se consolidaría la impunidad por el saqueo más escandaloso al patrimonio del pueblo de México en la historia del país.

De acuerdo a la denuncia presentada al Poder Legislativo, el grupo mexicano asumió, de inmediato, el control del Consejo de Administración de Telmex, adquiriendo tan sólo 10.4% de las acciones (el grupo extranjero asociado adquirió otro 10%). Y aunque la operación fue cubierta al contado por los inversionistas extranjeros, no ocurrió lo mismo con el grupo mexicano quien quedó con un saldo pendiente, mismo que indebidamente contó con un plazo de seis meses para ser liquidado en su totalidad con las utilidades de la propia empresa durante esos seis meses de crédito, con las utilidades de las colocaciones accionarias de la serie "L" y con las utilidades bursátiles debidas al incremento en el valor de las acciones de Telmex, por lo tanto se obtuvo con exceso —en abuso y detrimento del Estado— la cantidad adeudada a plazo al gobierno federal, finalizando que Telmex es una empresa que reportó en sus primeros cinco años utilidades anuales de más de tres mil millones de dólares.

La denuncia exponía que a escasos tres meses de la venta de las acciones "AA", las acciones "A" que estaban cotizadas en 2.69 dólares cada una, fueron vendidas por el gobierno por debajo de su precio real, existiendo una diferencia de 1.90 dólares por cada acción, lo que demuestra "mala fe", negligencia o una maniobra fraudulenta que hizo que el erario público perdiera miles de millones de dólares por el volumen negociado por un total de 2,163,040,972 acciones "AA".

Desde esa perspectiva, la denuncia argumentaba que resultaba indefendible la postura que aceptaba como legal la desincorporación de Teléfonos de México. Según los asesores legales del PRD se vendió

224

la empresa más rentable del mundo, que jamás fue una carga financiera para el Estado sino por el contrario una importantísima fuente de ingresos del erario federal; los motivos de la venta —a la luz de los hechos
y de la propia concesión de 1990— fueron y son falsos; el avalúo del
valor patrimonial de dichas empresas fue ridículo, jamás hubo avalúo
sobre la proyección de utilidades de la misma, ya que en caso de que
hubiera existido, se hubiera incrementado drásticamente el valor de
la operación; se constituyó en contra del texto expreso de la Constitución (artículo 28) un monopolio privado por seis años; se le otorgó al
empresario más favorecido del sexenio salinista Carlos Slim Helú una
concesión para explotar los servicios telefónicos por 115 años; además, con fecha 28 de diciembre de 1989, se le expidió a Teléfonos de
México, S.A de C.V. una ley privativa en materia impositiva denominada Ley del Impuesto por la Prestación de Servicios Telefónicos, en la
que se le otorgaron beneficios fiscales por más de 7,000 millones de dólares, siendo esta cantidad mayor que la deuda pública de todos los estados de la Federación; la licitación pública fue por el 20.4% de las
acciones "AA", cuando en realidad se estaba vendiendo el 48.18% del
capital social obteniendo con ello un beneficio indebido de 2,393 millones de dólares; jamás ha aparecido el contrato de fideicomiso defi-
nitivo de dicha compraventa; se le obsequiaron dieciocho empresas
—entre ellas Telcel— que tenía personalidad jurídica y patrimonio
propio distinto al de Telmex; se le permitió en contra de lo dispuesto
por la Ley General de Sociedades Mercantiles (art. 115 y 117) darle
acciones de la misma empresa valores nominales distintos, logrando con ello que a diciembre de 1989 las acciones "AA", que representaban el 56%, y mediante la emisión de las acciones "L" se forzara
a que la participación en número de acciones fuera reducida de 56 a
20.4%; pese a esta maniobra, el gobierno federal seguía participando
con 48.18% en dinero del capital social de la empresa, dicho en otras
palabras: el gobierno federal vendió 41.18% del capital social con valor
de avalúo artificialmente bajo por 4,095 millones de dólares, y los expertos bursátiles del Grupo Carso y asociados, pagaron únicamente 1,734
millones de dólares que correspondió al 20.4% del valor de avalúo del

capital social; las tarifas telefónicas se incrementaron drásticamente en perjuicio de la población favoreciendo al grupo empresarial, "modelo del salinismo", hasta por 360% en larga distancia nacional; permitiéndoles llevar una contabilidad conjunta, prohibida por la propia concesión.

Por si fuera poco —se aduce en los documentos de la denuncia— se otorgaron plazos indebidos para el pago de la empresa. Se obtuvieron beneficios en razón a las varias ofertas bursátiles, que permitieron pagar el adeudo con las utilidades de las propias operaciones.

Es así que, en principio, el daño patrimonial por un monto de 1,200 millones de dólares se sustenta en el concepto de la diferencia en que se adjudicaron 540.7 millones de acciones de la serie "L" a .90 centavos de dólar cuando el valor de mercado fue de 3.12 dólares por acción. En segunda instancia se enuncia otro daño patrimonial por un monto de 4,109 millones de dólares, por concepto de la diferencia en que se adjudicaron 2,163 millones de acciones "AA" a .80 centavos de dólar, cuando el valor de mercado era de 2.69 dólares por acción.

Además, se agrega en la denuncia otro daño patrimonial por un monto de 7,192 millones de dólares, por concepto de beneficios fiscales, de 1990 a 1994, que se desprendieron de las bondades de la ley privativa de impuestos a favor de los nuevos adquirentes de Telmex.

Lo anterior, sumaría daños y perjuicios patrimoniales a la nación —salvo error u omisión— por un total de 12,500 millones de dólares.

~

En el documento fechado el 30 de noviembre de 1995 y dirigido a la cámara de diputados, el ingeniero Cuauhtémoc Cárdenas exponía:

> El primero de diciembre próximo prescribe el término constitucional para que esa representación inicie el enjuiciamiento político de Carlos Salinas de Gortari. De no hacerlo, se consolidaría la impunidad por el saqueo más escandaloso al patrimonio del pueblo de México en la historia del país.

Es por ello que junto con un grupo de Diputados del Partido de la Revolución Democrática suscribimos la denuncia anexa, que documenta la transferencia ilícita del patrimonio nacional en Teléfonos de México, una de las empresas públicas más redituables del mundo, que hicieron Carlos Salinas y otras personas en complicidad con él, como parte de una asociación sistemática para saquear al país y a la población, para provecho suyo y de sus allegados y asociados. Además configura una clara traición a la patria por la que deben ser enjuiciados.

La denuncia comprueba y documenta detalladamente las responsabilidades políticas, penales, civiles y administrativas de Carlos Salinas de Gortari y quienes con él se confabularon, así como la nulidad de pleno derecho de la aprobación ilícita, el imperativo de que se revierta en beneficio de la nación y de que se repare el daño, y la urgencia de que se castigue a los responsables en los términos constitucionales y legales incluso con el pago de hasta dos veces el monto de los daños ocasionados y de los beneficios lícitos obtenidos.

Estos delitos de Carlos Salinas y sus asociados han sido comprobados y documentados ante la Procuraduría General de la República hasta la saciedad, en una amplia variedad de denuncias que incluyen este caso y atropellos sistemáticos a los derechos de los mexicanos en todos los órdenes. La transferencia ilícita del patrimonio nacional en el sistema de telecomunicaciones, materia de esta denuncia, es en sí mismo un acto de Carlos Salinas contra la independencia, soberanía e integridad de la nación con la finalidad de someterla a intereses extranjeros que debe ser perseguido, enjuiciado y sancionado en el Congreso de la Unión de acuerdo con la Constitución y las leyes aplicables, sin menoscabo de la procedencia del enjuiciamiento por otros actos de su traición sin precedentes.

Sin embargo, hasta ahora, el procurador se ha convertido en el garante de la impunidad en particular de Carlos Salinas y del encubrimiento de su saqueo a la nación, con lo que suprime el recurso a la justicia para que restablezca la vigencia de la Constitución y la ley.

La Constitución General de la República impone a esa repre-

227

sentación la última posibilidad institucional de hacer valer la justicia, la Constitución y la ley para que el pueblo de México recupere su patrimonio y los responsables del saqueo y del empobrecimiento general sea castigado conforme a la ley. Es tiempo de que el Congreso de la Unión asuma efectivamente la representación del pueblo y de la nación y la defensa de sus intereses.

Por lo anterior expuesto y con la atención debida, solicito a esa representación:

Primero. Que proceda el enjuiciamiento penal de Carlos Salinas de Gortari por traición a la patria.

Segundo. Que proceda el enjuiciamiento político de Carlos Salinas de Gortari, Pedro Aspe Armella y María Elena Vázquez Nava.

Tercero. Que declare la procedencia del ejercicio de la acción penal contra los señalados en el párrafo anterior y todos aquellos que resulten responsables de los hechos que se denuncian.

Cuarto. Que dé vista de esta denuncia a la Procuraduría General de la República y a la Secretaría de la Contraloría y Desarrollo Administrativo, y ejerza las acciones procedentes, para exigir las responsabilidades penales, administrativas y civiles consecuentes y para que se reparen los daños a la nación y se recupere el patrimonio del que ilícitamente fue despojada.

Ernesto Zedillo Ponce de León fue el último de los presidentes del régimen priísta que se caracterizó por su acendrado autoritarismo presidencial. Durante un poco más de siete décadas en el país no se podía mover la hoja de un árbol sin la voluntad del presidente en turno. Para los grupos políticos inconformes, Zedillo no tuvo la voluntad política para castigar a su antecesor Carlos Salinas de Gortari ni acaso atendió la denuncia de juicio político, primero presentada ante la cámara de diputados y después ante la Procuraduría General de la República por las presuntas irregularidades cometidas en la privatización de Teléfonos de México.

Sin un consenso político a su favor, Zedillo, como presidente de la República, no se atrevió a modificar las reglas no escritas del sistema priísta y su partido tuvo que pagar un alto costo político ante el deterioro de la credibilidad en sus instituciones al desafiar el hartazgo de una sociedad agraviada por la corrupción lo mismo que por los excesos del poder.

El propio Partido Acción Nacional se sumó al descontento social. Lo más lamentable fue que el procurador de filiación panista Antonio Lozano Gracia sirvió a los intereses políticos del sistema priísta, no solamente al colaborar con un gobierno identificado con la corrupción y el autoritarismo, sino que obstaculizó la posibilidad histórica de abrir un proceso judicial contra uno de los presidentes más denostados en la historia del PRI.

El líder opositor Cuauhtémoc Cárdenas, quien denunció penalmente la "confabulación" de Salinas con los barones del dinero por la privatización de las empresas paraestatales, fue contundente en su apreciación sobre la demanda de un juicio político contra el expresidente por las anomalías detectadas en la venta de Telmex.

El abogado Guillermo Hamdan, quien presentó la denuncia por las supuestas irregularidades en la venta de Telmex, como consta en la averiguación previa 1660/FESPLE/95, radicada en la mesa IX de la Fiscalía Especial de Servidores Públicos de Leyes Especiales, afirmaba que la decisión de privatizar se había tomado entre cuatro paredes de las oficinas gubernamentales.

Sin embargo, en respuesta a esa Averiguación Previa se desestimaron las supuestas pruebas de las irregularidades detectadas en la venta de Teléfonos de México y se determinó el no ejercicio de la acción penal.

En el terreno político los diputados de la LVI Legislatura de la cámara de diputados actuaron para la exoneración del expresidente Carlos Salinas de Gortari en la demanda de juicio de político en su contra por la privatización de Teléfonos de México. Esa decisión se tomó cuando el PRI todavía mantenía los controles del gobierno. Fue demoledora la respuesta que se dio a los denunciantes encabezados por el ingeniero Cuauhtémoc Cárdenas y la fracción parlamentaria del Par-

229

tido de la Revolución Democrática. Un grupo de legisladores de filiación priísta no permitió que la denuncia se discutiera ante el pleno de la cámara de diputados.

Al respecto, se puede afirmar que antes de concluir su gestión el expresidente Salinas estableció los amarres necesarios para impedir cualquier acción jurídica en su contra. Salinas no sólo fue el presidente que impuso dos candidatos presidenciales sino que ejerció el poder de una manera autoritaria y dedicó hasta el último momento de su mandato a ejercer su liderazgo político como el primer priísta de la nación. Bajo ese régimen autoritario "palomeó" a los candidatos de su partido a los cargos de diputados y senadores. En compensación, Salinas les exigió su "lealtad" personal e institucional como divisas primordiales de su actuación como legisladores. Fueron los mismos que corearon en el Congreso "¡Salinas!, ¡Salinas!, ¡Salinas!" cuando los representantes de la oposición lo interpelaron por sus excesos desde el poder.

La absolución a Salinas se extendió a todos sus colaboradores señalados en la denuncia.

El dictamen de las comisiones —integradas en su mayoría por legisladores de filiación priísta— encargadas de analizar la denuncia, fue la exoneración.

La respuesta fue inequívoca, la venta de Telmex no sólo fue señalada como la más transparente de todas las privatizaciones sino que, concluyeron los legisladores, los inversionistas hicieron un pago "superior" por cada acción "AA" al establecido en el mercado; cubrieron el importe de la transferencia antes de que se venciera el plazo; no existió daño patrimonial alguno en contra del gobierno federal por lo cual a ninguno de los inculpados se puede aplicar "alguna de las hipótesis previstas en el artículo 7º de la Ley Federal de Responsabilidades de los Servidores Públicos".

La siguiente es la respuesta otorgada a la denuncia de juicio político contra el expresidente Salinas por la privatización de Telmex.

Poder Legislativo Federal
Cámara de diputados
Comisiones Unidas de Gobernación y Puntos Constitucionales y de
Justicia
Subcomisión de Examen Previo
CC. Miembros de la Subcomisión de Examen Previo:

A la Subcomisión de Examen Previo de las Comisiones Unidas de Gobernación y Puntos Constitucionales y de Justicia fue turnada, para su estudio y dictamen, la denuncia de juicio político presentada por los CC. Diputados integrantes del Grupo Parlamentario del Partido de la Revolución Democrática y el ingeniero Cuauhtémoc Cárdenas Solórzano, en contra de los CC. Lic. Carlos Salinas de Gortari, expresidente Constitucional de los Estados Unidos Mexicanos; doctor Pedro Aspe Armella, exsecretario de Hacienda y Crédito Público, y C.P. María Elena Vázquez Nava, exsecretaria de la Contraloría General de la Federación.

Esta subcomisión, con fundamento en los artículos 108, 109, 110, 111 y demás relativos de la Constitución Política de los Estados Unidos Mexicanos; 1º, 2º, 3º, 4º, 5º, 6º, 7º 8º, 9º, 10, 12 y demás aplicables de la Ley Federal de Responsabilidades de los Servidores Públicos se avocó al estudio del presente asunto con base en los siguientes:

Antecedentes:

1. El día 30 de Noviembre de 1995, mediante escrito original fechado el mismo día, que consta de 39 fojas útiles, los CC. Diputados integrantes del Grupo Parlamentario del Partido de la Revolución Democrática y el ingeniero Cuauhtémoc Cárdenas Solórzano presentaron, ante la Oficialía Mayor de esta cámara de diputados, denuncia de juicio político en contra de los CC. Lic. Carlos Salinas de Gortari, expresidente Constitucional de los Estados Unidos Mexicanos; doctor Pedro Aspe Armella, exsecretario de Hacienda y Crédito Público, y C.P. María Elena Vázquez Nava, exsecretaria de la Contraloría General de la Fe-

deración. Al efecto, los denunciantes anexaron a su escrito los siguientes elementos probatorios:

a) Libro Intitulado Desincorporación de Entidades Paraestatales, Información Básica de los Procesos del 1º de diciembre de 1988 al 31 de diciembre de 1993.
b) Publicación de Plan Nacional de Desarrollo 1995-2000.
c) Informe Anual del año 1990 de Telmex.
d) Informe Anual de Telmex, del año 1992.
e) Informe Anual del año de 1993 de Teléfonos de México
f) Libro intitulado *Operación Telmex, Contacto con el Poder*, del autor Rafael Rodríguez Castañeda, de la editorial Grijalbo.
g) Copia del oficio de la Secretaría de Comunicaciones y Transportes no. 000812 de fecha 26 de octubre de 1990, así como copia del permiso que otorga el gobierno federal a Telmex para instalar, establecer, operar y explotar una red digital integrada, complementaria a la Red Pública Telefónica concesionada.
h) Copias simples del Diario Oficial de fecha lunes 10 de diciembre de 1990 de la página 12 a la 39.
i) Tablas con seis columnas con el título de Telmex correspondientes al aparecer la cotización de las acciones "A" y las acciones "L" de Telmex.
j) Copias simples del documento correspondiente a la oferta pública secundaria de 120 millones de acciones serie "L" de voto limitado, sin expresión de valor nominal de Telmex.

2. Los denunciantes, después de haber solicitado en el primer párrafo de su escrito, juicio político en contra de los enunciados en el antecedente 1., reconocen que, en este asunto, Andrés Caso Lombardo, exsecretario de Comunicaciones y Trasportes; Jaime Corredor Esnaola, exdirector del Banco Internacional, SNC; Jacques Rogozinsky, jefe de Desincorporaciones Paraestatales; Alfredo Baranda García, exdirector de Telmex Estatal; Carlos Slim Helú, presidente del Consejo de Administración de Telmex, no son sujetos de juicio político.

3. El Capítulo Primero, que denominan "Consideraciones Jurídicas Respecto la Oportunidad Procesal de esta Denuncia", se encuentra dividido en incisos y, por cuanto hace al A), invocan el artículo 114 constitucional para concluir que la denuncia en cuestión es procesalmente oportuna, toda vez que ha sido presentada dentro de un año después del día de conclusión del cargo de los denunciados.

Respecto del inciso B), que denominan "Competencia en Cuanto a los Acusados", afirman que por cuanto hace a los exsecretarios de Despacho, CC. Pedro Aspe Armella, María Elena Vázquez Nava, son sujetos de juicio político en virtud de lo establecido por el artículo 110 constitucional y que también lo es el C. Carlos Salinas de Gortari en razón de que "a) El presidente de la República, para los efectos del artículo 108 constitucional debe ser estimado como un servidor público, se trata de un representante de elección popular", así como por serle aplicable la regla general a que se refiere el artículo 114 constitucional. Asimismo invocan, en supuesto fundamento, los artículos 108 y 134 constitucionales.

En el inciso C), que denominan "Competencia en Cuanto a la Materia", afirman que a los inculpados les son aplicables las fracciones VI, VII y VIII del artículo 7º de la Ley Federal de Responsabilidades de los Servidores Públicos.

4. El capítulo Segundo, que denominan "Hechos", se encuentra dividido en los apartados A y B; el primero que denominan "La desincorporación de Telmex", a su vez se subdivide en los siguientes incisos:

   I. Formalización de las propuestas de desincorporación,
  II. Designación de Auditor Externo,
 III. Prospecto de venta,
  IV. Licitación Pública,
   V. Formalización de la Enajenación,
  VI. Conclusión del Proceso, y
 VII. Opinión de Comisarios Públicos.

El apartado B), que denominan "La compraventa", se refiere a la existencia de los denominados "Libros Blancos" que como consecuencia de cada desincorporación correspondió a la Secretaría de Hacienda y Crédito Público redactar, editar y entregar a las autoridades competentes.

5. En el Capítulo Tercero, que denominan "Consideraciones de Naturaleza Jurídica que Fundan la Acusación y determinan la Responsabilidad de los Acusados", reiteran la actualización de las conductas de los denunciados respecto a las fracciones VI y VIII del artículo 7º de la Ley Federal de los Servidores Públicos, invocando, respecto del C. Carlos Salinas de Gortari, la violación de los artículos 87 y 89 constitucionales, como consecuencia de la venta de las acciones "AA" de la empresa Teléfonos de México, S. A. de C. V., propiedad, en ese entonces, del Estado.

6. En el capítulo Cuarto, intitulado "Consideraciones de Naturaleza Constitucional", solicitan se dé vista al C. Procurador General de la República para que coadyuve en la denuncia formulada.

7. En el Capítulo Quinto, que nombran "Consideraciones Finales", afirman que jamás hubo avalúo sobre la proyección de utilidades de Telmex; que con el propósito de beneficiar a los adquirentes de las acciones referidas en el antecedente anterior con fecha 28 de diciembre de 1989 se expidió la Ley del Impuesto por la Prestación de Servicios Telefónicos; que el término de la concesión "es indebida por interminable"; así como habérseles otorgado "plazos indebidos para el pago de la empresa".

8. A continuación y sin especificar se trata de un Capítulo o de un Apartado, bajo el rubro "Daño Patrimonial", en tres incisos afirma que en total, la venta de las acciones que poseía el Estado en la empresa Telmex arrojaron los daños y perjuicios patrimoniales del orden de doce mil quinientos millones de dólares.

9. Finalmente, bajo el rubro de "Pruebas", solicitan el desahogo de 36 elementos de convicción mediante el requerimiento de documentales, citación de testigo, prueba pericial y declaración de indicados; concluyendo su escrito con ocho puntos petitorios.

10. Conforme al procedimiento establecido por el artículo 12 de la Ley Federal de Responsabilidades de los Servidores Públicos, el día primero de diciembre de 1995 la denuncia de

referencia fue turnada a la Subcomisión de Examen Previo para su estudio y dictamen.

En razón de los antecedentes señalados, vistos los escritos de denuncia y los elementos de prueba aportados por los denunciantes, esta subcomisión formula los siguientes:

Considerandos:

I. El escrito de denuncia de juicio político fue debidamente ratificado ante la Oficialía Mayor de la cámara de diputados dentro del término a que se refiere el inciso a), artículo 12, de la Ley Federal de Responsabilidades de los Servidores Públicos.

II. Por razón de método, esta subcomisión procede a analizar lo solicitado por el ingeniero Cuauhtémoc Cárdenas Solórzano en su escrito con fecha 30 de noviembre del año próximo pasado, dirigidos a los secretarios de esta cámara de diputados y compuesto de tres fojas, mismo con el que acompañó la denuncia del juicio político por él presentada en Unión del Grupo Parlamentario del Partido de la Revolución Democrática.

Por cuanto hace a los petitorios primero y tercero que a la letra dicen: "Que proceda al enjuiciamiento penal en contra de Carlos Salinas de Gortari por traición a la patria [...] y Que declare la procedencia del ejercicio de la acción penal contra los señalados en el párrafo anterior y todos aquellos que resulten responsables de los hechos que se denuncian", debe decirse que tales solicitudes son notoriamente improcedentes en atención a que, en términos del artículo 21 constitucional, sólo al Ministerio público compete el ejercicio de la acción penal.

Respecto del cuarto petitorio, que a la letra dice: "[...] dé vista de esta denuncia a la Procuraduría General de la República y a la Secretaría de la Contraloría y Desarrollo Administrativo, y ejerza las acciones procedentes, para exigir las responsabilidades penales, administrativas y civiles consecuentes y para que se reparen los daños a la nación y se recupere el patrimonio del que ilícitamente fue despojada", es de desecharse y se desecha en atención a que esta subcomisión no es Oficialía de Partes ni superior jerárquico de los Ministerios Públicos.

Por cuanto hace al segundo de sus petitorios, que a la letra

235

dice: "Que proceda el enjuiciamiento político de Carlos Salinas de Gortari, Pedro Aspe Armella y María Elena Vázquez Nava", compete, en términos de la Constitución Política de los Estados Unidos Mexicanos y de la Ley Federal de Responsabilidades de los Servidores Públicos, analizar si los denunciados son sujetos de juicio político y, en caso afirmativo, si existen elementos de convicción suficientes para incoarles el procedimiento respectivo.

III. Respecto de lo afirmado por los denunciantes en los incisos a), b), c), d) y e) de su apartado B (Competencia en Cuanto a los Acusados), esta subcomisión, de manera reiterada, ha sostenido que el numeral 110 de la Constitución Política de los Estados Unidos Mexicanos de manera limitada establece quiénes pueden ser sujetos de juicio político, sin que en el mismo se encuentre incluido el presidente de la República. Esta exclusión, de manera alguna implica otorgarle impunidad al Titular del Poder Ejecutivo Federal, sino que para la buena marcha de las responsabilidades que son a su cargo, el párrafo segundo del artículo 108 de la Constitución establece expresamente que: "El presidente de la República, durante el tiempo de su encargo, sólo podrá ser acusado por traición a la patria y delitos graves del orden común", con lo que reitera su exclusión como sujeto de juicio político, por lo que por mayoría de razón, menos puede serlo cuando ha dejado de ejercer tal cargo y es simplemente un ciudadano contra quien, en función de esa calidad, tampoco es procedente el juicio de referencia.

Por cuanto a lo afirmado por los denunciantes en el inciso f) de su apartado B (Competencia en Cuanto a los Acusados), debe decirse que al presidente de la República no le es aplicable la regla general a que refiere el artículo 114 constitucional, en primer término, porque dicho precepto se refiere exclusivamente al plazo dentro del cual podrán iniciarse los juicios políticos; en segundo, porque el término "servidor público" que emplea tiene que referirse, forzosa y necesariamente, a aquellos que como tales limitativamente enumera el 110 constitucional; y tercero, porque es de explorado derecho que la regla especial (párrafo segundo del artículo 108 constitucional) deroga la regla general (artículo 114 del mismo ordenamiento legal antes invocado).

Por cuanto hace al inciso *g*) del mismo apartado B (foja 6), la pretendida aplicación del artículo 2º de la Ley Federal de Responsabilidades de los Servidores Públicos es totalmente infundada, habida cuenta de que ninguna Ley secundaria puede estar por encima de la Constitución y, por lo mismo, al no haber incluido el Constituyente del 16 al presidente de la República en enumeración del multicitado numeral 110, queda excluido de todo juicio político.

IV. Es público y notorio que los CC. Pedro Aspe Armella y María Elena Vázquez Nava fueron, respectivamente, titulares de la Secretaría de Hacienda y Crédito Público y de la entonces Contraloría General de la Federación hasta el 30 de noviembre de 1994, razón por la cual se encuentran dentro de las hipótesis previstas por el artículo 110 de la Constitución Política de los Estados Unidos Mexicanos como sujetos en posibilidad de incoarles juicio político, y puesto que la denuncia contra ellos enderezada ha sido presentada dentro del término de un año a que se refiere el artículo 114 constitucional, esta subcomisión, en términos de lo dispuesto por el inciso *c*) del artículo 12 de la Ley Federal de Responsabilidades de los Servidores Públicos procede a analizar si el material probatorio exhibido permite presumir la existencia de las infracciones a ellos imputadas, así como su probable responsabilidad.

Por cuanto hace a las infracciones, los denunciantes les imputan las previstas en las fracciones VI, VII y VIII del artículo 7º del cuerpo de las leyes antes invocado.

V. Los denunciantes, en su capítulo de "Hechos", bajo el apartado A (La desincorporación de Telmex), relata en su inciso A), con señalamiento de autoridades que intervienen, números de acuerdos y fechas, el procedimiento que se siguió para llevar a cabo la desincorporación; ahora bien, contrariamente a lo pretendido por los autores de las denuncias, tal procedimiento es el que expresamente establece el párrafo segundo del artículo 134 de la Constitución Política de los Estados Unidos Mexicanos y que a la letra dice: "Las adquisiciones, arrendamientos y

237

enajenaciones de todo tipo de bienes, prestación de servicios de cualquier naturaleza y la contratación de obra que realicen, se adjudicarán o llevarán a cabo a través de licitaciones públicas mediante convocatoria pública para que libremente se presenten proposiciones solventes en sobre cerrado, que será abierto públicamente, a fin de asegurar al Estado las mejores condiciones disponibles en cuanto a precio, calidad, financiamiento, oportunidad y demás circunstancias pertinentes".

Por cuanto hace al primer párrafo del citado inciso A), debe decidirse que lo actuado se hizo en pleno acatamiento a lo dispuesto en el artículo 5º del reglamento de la Ley Federal de las Entidades Paraestatales y, por cuanto hace a la designación de una institución de Crédito, como responsable de la propalación, evaluación y venta de la participación accionaria del gobierno federal en el capital de la Empresa y sus Entidades Filiales, a que se hace alusión en la última parte del tercer párrafo del citado inciso A), es procedente reconocer que se hizo en cumplimiento a lo ordenado por el artículo 12 del ya citado Reglamento.

VI. Por cuanto hace al inciso B) del capítulo de Hechos, los propios denunciantes reconocen que la designación del Auditor Externo se hizo en términos del ya citado artículo 12 del reglamento de la Ley Federal de las Entidades Paraestatales.

VII. El inciso C) (Prospecto de Venta), no puede ser estimado sino como consecuencia lógica y necesaria de la actividad desarrollada por la Institución de Crédito encargada de la citada propalación, evaluación y venta.

VIII. Por cuanto hace al inciso D), que no es otra cosa que la licitación pública, esta subcomisión no tiene que reconocer que con ella se dio cabal cumplimiento al ya transcrito segundo párrafo del artículo 134 constitucional, sin que pueda ser objeción el que tal licitación no se hubiere hecho pública en los periódicos extranjeros.

Los mismos denunciantes reconocen que ante cinco notarios públicos del Distrito Federal se recibieron las propuestas de compra, lo que demuestra la transparencia de las mismas.

IX. Por cuanto hace al inciso E), resulta natural que se formalizará la enajenación con quien o quienes ofrecieron en tiempo la mejor propuesta para adquirir las acciones en poder del gobierno federal, respecto de la Empresa Telmex.

Los propios denunciantes reconocen en el párrafo cuarto del inciso E), que el Sindicato de Telefonistas de la República Mexicana adquirió el 4.4% del capital de la empresa, lo que constituye la mejor evidencia de que la desincorporación se hizo no sólo con la iniciativa privada, sino también con un contenido claramente social.

X. En relación al inciso F) (Conclusión del Proceso), su análisis se hará, en cuanto al valor de compra en sus diversas etapas y clases de serie, en Considerando posterior.

XI. En cuanto al inciso G) (Opinión de Comisarios Públicos), es procedente afirmar que su existencia se encuentra prevista en el artículo 63 de la Ley Federal de las Entidades Paraestatales y que su opinión favorable, en cuanto a la enajenación de las acciones propiedad del gobierno federal, es buena prueba de las válidas consideraciones que se tomaron en cuenta para llevar a cabo tal enajenación.

Los denunciantes afirman que "Telmex realiza funciones catalogadas como áreas prioritarias porque se encuentra directamente vinculadas a la satisfacción de los intereses nacionales y necesidades populares, tal como se corrobora en lo dispuesto por el segundo párrafo del artículo 6º de la Ley Federal de las Entidades Paraestatales". Ahora bien, el artículo 6º de la Ley Federal antes citada, nos remite en su párrafo segundo a los artículos 25, 26 y 28 constitucionales y, en párrafo quinto del primero de los mencionados asienta que el Estado "podrá participar por sí o con los sectores social y privado de acuerdo con la ley, para impulsar y organizar las áreas prioritarias del desarrollo", esta disposición debe vincularse con lo que establece el quinto párrafo del artículo 28 constitucional que dice: "El Estado contará con los organismos y empresas que requieran para el eficaz manejo de las áreas estratégicas a su cargo y en las actividades de carácter prioritario donde, de acuerdo con las leyes, participe por sí o con los sectores social y privado".

En cuanto a la empresa Telmex, debe decirse que ni en la anterior Ley Federal de Telecomunicaciones, ni en la vigente, aparece como prioridad del gobierno mexicano.

Mientras las áreas estratégicas, que de manera exclusiva atiende el Estado, están clara y limitativamente señaladas en el párrafo cuarto del artículo 28 constitucional, las prioritarias se caracterizan, en primer lugar, porque se atiende a las circunstancias imperantes en un momento determinado y, segundo, por no estar establecidas de antemano.

Dado que el artículo 32 de la Ley Federal de las Entidades Paraestatales preve la enajenación de la participación mayoritaria del capital estatal de una empresa, es evidente que la llamada desincorporación de Telmex no constituyó un acto arbitrario y, mucho menos, prohibido por precepto legal alguno.

En el caso concreto de Telmex, es público y notorio que diversos factores incidieron en la enajenación de la participación estatal, uno de ellos, de orden natural, fue el de los sismos de 1985 que implicó el que México quedará incomunicado del resto del mundo y que orilló a que el área metropolitana se dividiera en cuatro centros de telefonía que permiten, en caso de siniestro de una de ellas, que el control maestro de todo el sistema pueda ser asumido por alguna de las otras; otro, la cada vez mayor demanda de usuarios que requerían conectarse con las redes internacionales, tanto para mensajes telefónicos como para la transmisión de datos; lo anterior, aunado a la necesidad de una inversión multimillonaria en sofisticados sistemas tecnológicos que no estaba en posibilidad de realizar el Estado, determinaron la llamada desincorporación de Telmex.

XII. Por lo que atañe a los "Libros Blancos", que como consecuencia de la desincorporación de la empresa Telmex redactó, editó y entregó la Secretaría de Hacienda y Crédito Público, mencionado por los denunciantes en el apartado B del capítulo Segundo bajo el rubro "La Compraventa", esta subcomisión es del parecer que no es el momento procesal para requerir su exhibición, dado que el material aportado es suficiente para decidir, en términos de lo dispuesto por la Ley Federal de Responsabilidades de los Servidores Públicos, la procedencia o improcedencia de la presente denuncia.

XIII. En cuanto al Capítulo Tercero, que los denunciantes determinan "Consideraciones de Naturaleza Jurídica que Fundan la Acusación y Determinan la Responsabilidad de los Acusados", es procedente hacer notar que sólo invocan las fracciones VI y VIII del artículo 7º de la Ley Federal de Responsabilidades de los Servidores Públicos, con lo que omiten la fracción VII a que se refieren en su foja 9; ahora bien, ni el artículo 87 ni el artículo 89 constitucionales establecen que el presidente de la República sea "jurídicamente responsable de todas las violaciones a la propia Constitución y a las Leyes Federales que se cometan durante su gestión; legalmente todos los actos de sus agentes, entre ellos los Secretarios de Estado y Jefes de Departamento, le son atribuibles", como lo pretenden los denunciantes; en primer lugar, porque ninguno de dichos preceptos establece tal responsabilidad para lo cual basta su simple lectura; en segundo, porque es de explorado derecho que la o las responsabilidades son exclusivamente personales.

Por cuanto hace a la enajenación misma de las acciones "AA" de la empresa Telmex, como ya se dijo, en otro Considerando se hará su correspondiente estudio.

XIV. En el mismo Capítulo Tercero, se le atribuye al C. Carlos Salinas de Gortari que, en su carácter de presidente de la República, "permitió la existencia de un monopolio prohibido por la Constitución"; en este punto debe decirse que la obligación asumida por la Secretaría de Comunicaciones y Transportes de no otorgar otra u otras concesiones de servicio público de telefonía básica, de larga distancia nacional o internacional durante los siguientes seis años, deviene de la naturaleza misma de la concesión que no es sino un acto jurídico por medio del cual la administración pública otorga a una persona prerrogativas públicas, condicionadas al cumplimiento de ciertas obligaciones, para la explotación de un servicio público o de bienes propiedad del Estado, para lo cual el particular debe valorar la posibilidad de recuperar, si no la totalidad, parte de la inversión, mediante la obligación del concesionante de no otorgar, durante cierto tiempo, título similar a otra u otras personas físicas o morales; sostener una opinión contraria a lo aquí asentado im-

241

plicaría cancelar la mayor parte de concesiones otorgadas por el poder público, en México y en muchos otros países del mundo.

XV. En el Capítulo IV denominado "Consideraciones de Naturaleza Constitucional", los denunciantes invocan los artículos 108 y 113 de la Carta Magna para fundamentar la procedencia del juicio político materia del presente análisis.

Ésta subcomisión advierte que el artículo 108 mencionado se refiere, en su primer párrafo, a delimitar quiénes se reputan como servidores públicos; en el segundo a precisar que el presidente de la República durante el tiempo de su encargo sólo podrá ser acusado por traición a la patria y delitos graves del orden común; el tercero, a establecer qué autoridades locales y por qué causas devienen en responsables; finalmente, el párrafo cuarto determina que las Constituciones de los Estados precisarán, en los mismos términos del primer párrafo de este artículo, quiénes tendrán, para efectos de responsabilidad el carácter de servidores públicos. Por otro lado, el artículo 113 establece que, con el objeto de salvaguardar la legalidad, honradez, lealtad, imparcialidad y eficiencia en el desempeño de las funciones, empleos, cargos o comisiones, las leyes secundarias fijarán las sanciones aplicables, los procedimientos y las autoridades competentes para aplicarlas. De lo anteriormente expuesto se desprende que la invocación de los citados artículos 108 y 113 es insuficiente para incoar juicio político alguno y sólo, de manera indirecta, podría ser válida para el caso de que, como lo establece el inciso e) del artículo 12 de la Ley Federal de Responsabilidades de los Servidores Públicos, la denuncia contenga elementos de prueba que justifiquen que la conducta atribuida corresponde a las enumeradas en el artículo 7º de dicha ley y los propios elementos de prueba permitan presumir la existencia de la infracción y la probable responsabilidad del o de los denunciados, en síntesis, esta subcomisiór está obligada a actuar en términos precisos de la ley y no con base en supuestas inferencias de preceptos constitucionales.

XVI. En el Capítulo V, denominado "Consideraciones Finales", se asienta que: "con fecha 28 de diciembre de 1989 se le expidió a Teléfonos de México, S.A de C.V., una ley privativa en materia impositiva denominada Ley del Impuesto por la Prestación de Servicios Telefónicos, en la que se le otorgaron beneficios fiscales por más de 7,000,000, 000.00 (siete mil millones de dólares)". Al margen de aclarar que dicha ley fue expedida un año, un mes y trece días antes de que los notarios públicos recibieran las propuestas de compra por quienes participaron en la licitación, esta subcomisión está en la posibilidad de afirmar que tal aseveración es totalmente falsa, pues si comparamos los balances generales de Telmex consolidados al 31 de diciembre de 1989 (un año antes de la desincorporación), al 31 de diciembre de 1990 (año de la desincorporación) y al 31 de diciembre de 1991 (un año después de la citada desincorporación), auditados y publicados, habremos de constatar que Telmex, por concepto de impuesto sobre la renta no sólo disminuyó el monto de sus pagos a la Tesorería de la Federación, sino que los incrementó substancialmente, como es de verse en el siguiente cuadro:

AÑO	MONTO EN MILLONES DE VIEJOS PESOS
1989	399,919
1990	417,785
1991	1,152,014

Es inexacto también que mediante la enajenación de las acciones "AA", propiedad del Estado, se hubiere obsequiado a los adquirentes dieciocho empresas con personalidad jurídica y patrimonio distintos al de Telmex, en atención a que, como lo reconocen en el apartado A) del segundo capítulo de su escrito de denuncia intitulado "La Desincorporación de Telmex" (ver foja 10), previa la propuesta de venta de la participación accionaria del gobierno federal en dicha empresa, le fueron fusionadas veinte empresas y, por lo mismo, Telmex absorbió tanto sus activos como sus pasivos, lo que vino a otorgarle un nuevo valor en libros y, consecuentemente, un nuevo valor bursátil. Por lo tanto, si bien la venta por parte del gobierno federal de las acciones "AA" se referían nominalmente a Telmex, de hecho y de derecho absorbía las veinte empresas a que se refieren los denunciantes en la citada foja 10; en otras palabras, Telmex era y es un ejemplo clásico de una empresa corporativa.

XVII. En lo referente al inciso F) del Apartado A) del Capítulo Segundo, denominado "Conclusión del Proceso", de fojas 14 a 17, así como al Capítulo denominado "Daño Patrimonial" (de fojas 29 a 32 inclusive), esta subcomisión procede a efectuar el siguiente análisis:

a) Los denunciantes refieren, en el tercer párrafo de la foja 11 de su escrito, la celebración de la Asamblea General extraordinaria de accionistas de Telmex el día 15 de junio de 1990, por la que acordaron "aumentar el capital social y decretar un dividendo en acciones de la serie "L" que se distribuirán a razón de 1.5 acciones "L" por cada acción de las series "AA" y "A" en que se divida el capital social, mediante la capitalización de utilidades obtenidas en ejercicios anteriores". Para la comprensión de dicho acuerdo resulta útil elaborar un doble cuadro, el primero relativo a la forma en que se encontraba dividido el capital social antes de la celebración de dicha asamblea y, segundo, después de la misma, partiendo del Informe Anual rendido por Telmex en el año de 1990, exhibido por los denunciantes, como es de verse en el numeral 5 (Capital Social) de las "Notas de Estados Financieros" correspondientes al despacho Roberto Casas Alatriste, de fecha 15 de febrero de 1991:

Antes de la asamblea del 15 de junio de 1990

SERIE	NÚMERO DE ACCIONES	%
"AA"	2,163,040,972	51.0
"A"	2,078,215,835	49.0
Totales	4,241,256,807	100.0

244

Después de la asamblea del 15 de junio de 1990

SERIE	NÚMERO DE ACCIONES	%
"AA"	2,163,040,972	20.4
"A"	2,078,215,835	19.6
"L"	6,361,885,211	60.0
Totales	10,603,142,018	100.0

b) Los mismos denunciantes reconocen, en el párrafo cuarto de la foja 11 de su escrito, que mediante tal conversión, los tenedores de 20.4% del capital social (acciones "AA") tendrían el control de la empresa, en razón de que las acciones "L" serían de voto limitado.

c) Con el propósito de garantizar que el control de la empresa Telmex se mantuviera en manos de inversionistas mexicanos, la licitación se sujetó a la condición de que la mayoría de las acciones "AA" quedarán en dichas manos. Este hecho es reconocido por los propios denunciantes, como es de verse en la página 14, último párrafo, de su escrito y permite a esta subcomisión aclarar que la adjudicación del 20.4% del capital social, amparado con acciones "AA", implicó la siguiente distribución respecto de la totalidad del capital social de Telmex:

ADJUDICATARIOS	ACCIONES "AA", "A" Y "L"	
	NÚMERO	CAPITAL SOCIAL 100%
Grupo Carso	547,731,694	5.2
Inversionistas Mexicanos	555,419,202	5.2
Southwestern Bell	529,945,038	5.0
France Cable & Radio	529,945,038	5.0
Subtotal	2,163,040.972	20.4
Acciones "A"	2,078,215,835	19.6
Acciones "L"	6,361,885,211	60.0
Gran Total	10,603,142,018	100.0

d) En diversas partes de la denuncia se afirma que las acciones "AA", propiedad del gobierno federal, fueron vendidas en menor precio a aquel que tenían en la Bolsa Mexicana de Valores; así, por ejemplo, en el último párrafo de la foja 24 asientan que se "Permitió que la ventas de las acciones de Telmex se hiciera aproximadamente al 20% del valor real que ellas tenían". Tales afirmaciones son inexactas, pues se pasa por alto que las mismas se subastaron, como expresamente lo reconocen los denunciantes en su foja 12 (segundo párrafo del inciso D), "sin el cupón correspondiente al dividendo en acciones "L" de voto limitado". Es más, en la misma foja 12, bajo el numeral 2), manifiestan que el Grupo Carso S.A. de C.V.; un Grupo de inversionistas mexicanos; la Southwestern Bell International Holding Co.; y France Cable et Radio, ofrecieron 0.80165 centavos de dólar americano por cada acción "AA", para un total de 2,163,040,972 acciones, y reconocen que la oferta se hizo: "sin el cupón correspondiente al dividendo de las acciones "L"". En otras palabras, el error o mala fe de los denunciantes estriba en que pretenden hacer creer que la venta de las acciones "AA" se debió hacer tomando en cuenta el valor que las misma tenían antes del 15 de junio de 1990, fecha en que representaban 51% del valor total de la empresa, cuando, como se ha explicado detalladamente con antelación, al 15 de noviembre de ese año sólo amparaban 20.4%.

Los mismos denunciantes nos dan la razón al exhibir las tablas de cotización de las acciones "A" y las acciones "L" de Telmex, ya que cuando se refieren a las primeras, se constata que las sesiones del viernes 14 de diciembre de 1990 y lunes 17 del mismo mes y año, tuvieron el siguiente comportamiento en la Bolsa Mexicana de Valores:

	TELMEX SERIE "A"		
FECHA	MÁXIMO	MÍNIMO	CIERRE
90 12 14	2.06	2.03	2.03
90 12 17	2.03	2.01	2.01

246

Consecuentemente, si al 15 de diciembre de 1990 el tipo de cambio era de 2.9422, resulta que 0.80165 dólares (valor de compra de cada acción "AA") equivalían a 2.3586 pesos mexicanos; de lo que resulta que la oferta no sólo fue menor al valor que bursátilmente tenían, sino mayor en 0.3286 pesos, si nos referimos al cierre del día 14 de ese mes y año, y mayor en 0.3486 si nos referimos al cierre del día 17. Lo anterior, porcentualmente representa, contrariamente a lo afirmado por los denunciantes, que se ofertó, en promedio, 16.76% por encima del valor promedio de cierre.

De lo anteriormente expuesto se desprende, de manera inobjetable, que no existió daño patrimonial alguno en contra del Estado mexicano.

XVIII. En diversas partes de la denuncia se afirma que al Grupo Mexicano se le otorgó, para efectos del pago de la acciones "AA" ofertadas por el gobierno, un plazo indebido. A este respecto, debe dejarse asentado que dicho plazo no fue otorgado, ni de manera exclusiva, ni con posterioridad a la licitación, toda vez que es público y notorio que el documento que contiene la convocatoria a la subasta de acciones de serie "AA" de Telmex, que circuló profusamente, establece en su base 8 que: "Para efectuar dicho pago los Grupos podrán aplicar como parte del mismo las cantidades que hubieren depositado como garantía conforme a lo previsto en el punto 6. El saldo deberá de pagarse en efectivo, o en forma parcial con las acciones de la serie "L" propiedad del Grupo Ganador, a un precio preconvenido, en un plazo que no excederá de 180 días naturales devengando intereses a la tasa de mercado, garantizándose en todo caso, el pago del saldo con las acciones serie "AA" de Telmex que queden afectas al fideicomiso a que se refiere el punto 2 de estas bases". Consecuentemente, tal plazo se otorgó, de manera general, con antelación de la fecha del cierre para presentar ofertas, incluyendo a esto tanto a nacionales como extranjeros; por otro lado, tal plazo encuentra su fundamento en lo establecido por el artículo 68 de la Ley Federal de las Entidades Paraestatales, mismo que faculta a la Secretaría de Hacienda y Crédito Público a que la enajenación de los títulos representativos del capital social, propiedad del gobierno federal se hagan "de acuerdo con las normas que emita" dicha Secretaría.

Esta subcomisión no omite hacer mención de que los propios denunciantes, en el quinto párrafo de la foja 14 de su escrito, reconocen que los inversionistas mexicanos pagaron "al término del plazo pactado".

De todo lo anteriormente expuesto, fundado y razonado, se desprende que la enajenación de las acciones "AA" propiedad del gobierno federal en la empresa de Telmex se llevó a cabo en acatamiento a lo dispuesto por el párrafo segundo del artículo 134 de la Constitución Política de los Estados Unidos Mexicanos; con la intervención de las autoridades a que se refiere la Ley Federal de las Entidades Paraestatales y su Reglamento; que la convocatoria fue publicada y contuvo todas y cada una de las bases que permitieron certeza y seguridad entre convocante y convocados; que el precio pagado por cada acción "AA" fue superior al del mercado; que el plazo para cubrir el importe de la compra de dichas acciones se otorgó de manera general, con antelación a la fecha límite de la entrega de las ofertas y con fundamento en precepto legal vigente; finalmente, que no existió daño patrimonial alguno en contra del gobierno federal, razones por las cuales es de concluirse que ni el exsecretario de Hacienda y Crédito Público, ni la exsecretaria de la Contraloría General de la Federación actualizaron alguna de las hipótesis previstas en el artículo 7º de la Ley Federal de Responsabilidades de los Servidores Públicos.

En consecuencia, esta subcomisión aprueba los siguientes:

Puntos Resolutivos:
Primero. No ha lugar a iniciar juicio político en contra de los CC. Lic. Carlos Salinas de Gortari, expresidente Constitucional de los Estados Unidos Mexicanos; doctor Pedro Aspe Armella, exsecretario de Hacienda y Crédito Público, y C.P. María Elena Vázquez Nava, exsecretaria de la Contraloría General de la Federación.

Segundo. Notifíquese a los interesados.

Tercero. Archívese al expediente como asunto total y definitivamente concluido.

Palacio Legislativo de San Lázaro, salón de comisiones de la cámara de diputados, a los días 23 del mes de enero de mil novecientos noventa y seis.

Firman el documento los diputados, Fernando Pérez Noriega, presidente de la Comisión de Justicia e Ignacio González Rebolledo, secretario de la Comisión de Gobernación y Puntos Constitucionales.

EPÍLOGO

El paradigma

Carlos Slim se ha ganado la reputación de un hombre astuto para los negocios, fama que proviene especialmente de sus compras en momentos de pánico financiero. Su visión de empresario se basa en saber descifrar los códigos económicos y políticos del país, lo cual le ha permitido emerger como un gigante en el mundo empresarial.

Su sagacidad como inversor lo ha guiado en el juego de saber asumir el riesgo aun en los momentos más desfavorables. Su espíritu empresarial lo llevó a consolidarse como el rey de las telecomunicaciones y sigue apostando a los negocios del futuro.

Desde niño empezó a mostrar un inusual sentido emprendedor. En su juventud se reveló como un contumaz ahorrador. A los 30 años tenía muy desarrollado su olfato para las empresas, sin que ello hubiera implicado sustraerse de una activa vida social.

Personaje clave de la globalización este hombre de multifacética personalidad que siempre está dispuesto a asumir nuevos retos es visto con admiración. Dentro y fuera del país muchos se deshacen en hacer elogios de él, pero tampoco ha estado exento de críticas y señalamientos.

En un país donde escasean las oportunidades de empleo y la mayoría de su población está sumida en la pobreza, muchos se preguntan cómo ha sido posible que un selecto grupo de empresarios hayan logrado amasar fortunas en miles de millones de dólares. Tan sólo en la

251

década de los noventa una veintena de mexicanos salieron del anonimato al encabezar la lista de los cien hombres más ricos del mundo.

En su caso, Slim ha tratado de salir al paso de todas las suspicacias en torno al origen de su riqueza. No obstante, la sombra que más lo ha asediado es la relación que mantuvo en términos institucionales y de amistad con el expresidente Carlos Salinas de Gortari, aunque su cercanía con el poder lo ha llevado a tener contacto con todos los presidentes en las últimas dos décadas.

En más de una ocasión se ha confesado alérgico a la mezcla nociva de los negocios con la política y hasta ha mostrado cierta incomodidad cuando lo tratan de relacionar con los políticos. Sin embargo, como a muchos de los conspicuos hombres de negocios le ha sido difícil sustraerse al tuteo con el poder y más en un sistema como el mexicano.

La relación de los capitanes de empresa con los gobernantes en turno es parte de las reglas del juego del poder político y el mundo del dinero. De ahí que la suspicacia de muchos mexicanos se fundamente en una serie de hechos irrefutables: algunos de los más importantes empresarios han pasado de la relación amistosa a establecer sociedad con algunos políticos a los que han invitado a formar parte de sus consejos de administración y, en muchos casos, hasta les regalan acciones.

Esa percepción no es fortuita, algunos expresidentes de la República y exsecretarios de Estado al concluir su cargos han pasado a formar parte de los consejos directivos de las más poderosas empresas nacionales y extranjeras. También algunos de los más fuertes grupos empresariales han luchado abiertamente por posiciones políticas y estratégicas para colocar en los cargos más altos de los gobiernos a sus empleados más leales o socios con miras a constituirse en verdaderos contrapesos del poder político.

Desde los tiempos de Luis Echeverría hasta los de Vicente Fox, la relación de los empresarios con el gobierno ha estado sujeta a los vaivenes de la política. Desde entonces ningún presidente de la República ha restaurado el consenso social debido a la presiones del sector empresarial que ha propugnado por la mínima participación estatal en la economía.

El saldo final de esta situación ha sido —en términos de los principales organismos financieros como el BID— la alta concentración de la riqueza y el ingreso lo cual ensombrece el futuro del país como nación.

El futuro del país no puede ni debe descansar en las minorías privilegiadas, la transición hacia un régimen democrático exige congruencia entre los compromisos sociales y las estrategias políticas.

Justamente ese fue el error del PRI que lo orilló a su derrota histórica y a su gradual desaparición, pues el compromiso asumido por todos los gobiernos que basaban su legitimidad en la bandera de la Revolución, consistía en terminar con la pobreza y conseguir un país más justo.

Entre cien millones de mexicanos, Slim es uno de los principales actores de la vida pública y puede ser uno de los agentes fundamentales del cambio. Él mismo ha sido un crítico del modelo económico del país, pues ha sido contundente cuando ha señalado que el futuro de la nación no será viable en las próximas décadas si el país se sigue gobernando como se hizo durante el pasado reciente. Su posición es que no se protejan privilegios mientras la población tenga que cargar con las pérdidas privadas, pues se correría el riesgo de una mayor polarización de los grupos sociales.

De cara a la globalización los proyectos nacionales que no ofrezcan libertad y no compartan con las mayorías los beneficios del desarrollo, terminarán asediados por las nuevas plutocracias del siglo XXI.

En ese sentido la gobernabilidad del país estará en juego como consecuencia de un modelo donde muy pocos ganan y muchos pierden, con el riesgo que ello implica en una sociedad de intereses contrapuestos y de insatisfacciones que pueden romper la paz social.

REFERENCIAS DE LAS FOTOGRAFÍAS

SON VEINTISÉIS REPRODUCCIONES QUE ESTÁN ENTRE LAS PÁGINAS 17 Y 45 DE TEXTO Y DISPUESTAS EN LA SECUENCIA DE LA RELACIÓN:

Árbol genealógico de la dinastía Slim (figura).

Julián Slim, como buen patriarca de la dinastía, posa para la foto en las instalaciones de su negocio, acompañado de su personal.

Ubicada en la calle de Capuchinas, en el centro de la ciudad, La Estrella de Oriente fue el primer negocio de los Slim en México. Era el capítulo inicial de una historia de éxito.

Carlos Slim de niño. Además de recibir una educación formal, se familiarizó con los negocios gracias a su padre. Desde su infancia abrió su primera cuenta de ahorros.

En su época de estudiante universitario, Carlos Slim posa para un documento oficial. Pronto complementó los estudios con la experiencia de la actividad empresarial.

Durante su enlace matrimonial Slim firma el acta correspondiente. Soumaya Domit, su mujer, fue benefactora de causas humanitarias y murió prematuramente por un padecimiento renal.

Aficionado a la fiesta brava, aquí emula una de las suertes más espectaculares y peligrosas, conocida como "Don Tancredo".

En el aeropuerto de la ciudad de México bajo la mirada del magnate Carlos Trouyet, y en compañía de sus primeros socios y amigos.

En compañía de su esposa durante una recepción ofrecida a los reyes de España en ocasión de su visita a México, en 1997. (Rodolfo Valtierra /Cuartoscuro)

Al lado de Pedro Aspe Armella —secretario de Hacienda en el sexenio de Carlos Salinas de Gortari— en el anuncio de la privatización de la entonces paraestatal Teléfonos de México. (Pedro Valtierra / Cuartoscuro)

Carlos Slim Domit, el soltero más codiciado de México, y su hermano Marco Antonio Slim Domit (que aparecen en dos fotografías separadas y en ese orden) se integraron a los negocios de su padre como responsables y miembros del consejo de administración de varias de sus empresas. (Germán Romero / Cuartoscuro e Inti Vargas / Cuartoscuro, respectivamente)

Saludando al presidente Vicente Fox en el curso de un acto oficial. El poder político enfrentado al poder económico. (Pedro Mera / Cuartoscuro)

Al lado de Miguel de la Madrid quien, durante su sexenio, inició la política de privatizaciones que culminaron con las gestiones de Salinas y Zedillo. (Rodolfo Valtierra / Cuartoscuro)

Después de un encuentro de banqueros Slim charla con el rey de la tortilla Roberto González, acaudalado industrial dueño del poderoso consorcio Gruma, emporio de la harina de maíz y la harina de trigo. (Germán Romero / Cuartoscuro)

Asiste con frecuencia a congresos y encuentros de diverso tipo, como parte de una actividad esencial: el manejo de su imagen personal. (Germán Romero / Cuartoscuro)

Carlos, Patricio y Marco Antonio, los tres descendientes varones del matrimonio Slim-Domit.

Acompañado de Manuel Espinosa Iglesias, dueño del grupo Bancomer hasta antes de la privatización decretada por José López Portillo.

Luego de una conferencia, acompañado de Felipe González, antiguo presidente del gobierno español y en compañía del escritor Gabriel García Márquez y Jesús de Polanco, presidente del diario *El País*.

En el palacio de Minería al lado del príncipe Carlos de Inglaterra, durante la visita que éste realizó a la ciudad de México.

En amena charla en la embajada de Cuba con Fidel Castro, legendario jefe de la Revolución cubana.

Una vez más con Felipe González y Carlos Payán Velver, director fundador del periódico *La Jornada*.

En una cena en casa de los Slim, junto a María Félix, quien fuera amiga cercana de la familia. Aparecen Felipe González a un lado de la esposa del inversionista cubano Pipin y junto a la Doña, Soumaya Slim Domit.

Durante una recepción en la Casa Blanca junto al presidente George W. Bush y el historiador Enrique Krauze.

En su faceta de ecologista, admira un árbol de las secuoyas en el Parque Nacional de Yosemite y alimenta un cervatillo en una de sus reservas ecológicas.

Saludando de mano al papa Juan Pablo II.

ÍNDICE DE NOMBRES

Carlos Slim,
escrito por José Martínez,
nos demuestra que,
como un famoso monarca frigio,
Carlos Slim se debate
entre la historia y la mitología
de un México inverosímil.
La edición de esta obra fue compuesta
en fuente newbaskerville y formada en 11:13.
Fue impresa en este mes de febrero de 2003
en los talleres de Acabados Editoriales Incorporados, S.A. de C.V.,
que se localizan en la calle de Arroz 226,
colonia Santa Isabel Industrial, en la ciudad de México, D.F.
La encuadernación de los ejemplares se hizo
en los talleres de Dinámica de Acabado Editorial, S.A. de C.V.,
que se localizan en la calle de Centeno 4-B,
colonia Granjas Esmeralda, en la ciudad de México, D.F.

MAY 2 1 2003